CRECE
Profundiza tu Relación con Cristo

Joel Comiskey

CCS Publishing

www.joelcomiskeygroup.com

Publicado por CCS Publishing
23890 Brittlebush Circle
Moreno Valley, CA 92557 USA
1-888-344-CELL

El títutlo original fue *Crezca: Profundice Su Relación con Cristo*

Traducción y edición: CREED España.
Traductor: Samuel Alvarado.
Editores: Jorge Maldonado y Robert Reed.
Diseño: Josh Talbot.
Interior: Sarah Comiskey.

Todas las citas de las Escrituras, a menos que sean indicadas de otra fuente, son tomadas de la Santa Biblia, Nuevo Versión Internacional. Registro de propiedad literaria de la Sociedad Bíblica Internacional ©1999. Usada con permiso.

CCS Publishing es una parte del ministerio de Joel Comiskey Group, un ministerio dedicado a ofrecer recursos y asesoramiento a líderes e iglesias del movimiento celular mundial. **www.joelcomiskeygroup.com**

Catálogo del libro *Grow* en inglés es:
Publisher's Cataloging-in-Publication
   (Provided by Quality Books, Inc.)

      Comiskey, Joel, 1956-
         Grow: deepen your relationship with Christ / by
      Joel Comiskey.
         p. cm.
         Includes bibliographical references and index.
         ISBN 0975581937
         (*Crece* in Spanish ISBN 9780984311095)

         1. Spiritual life--Christianity. 2. Meditation--
      Christianity. 3. Spiritual formation.   I. Title.

      BV4501.3.C6553 2007   248.4
                                     QBI06-600331

Tabla de Contenido

Introducción

A menudo les aconsejo a las personas: "Después de recibir a Jesús y ser llenos del Espíritu Santo, el tiempo devocional diario es la parte más importante de la vida cristiana". Creo esto con todo mi corazón. Durante el tiempo devocional un cristiano aprende a alimentarse de la Palabra de Dios, a oír Su voz y a encontrar fuerza para la vida diaria. Para mí, el tiempo devocional diario constituye mi conexión directa con el Dios que me mantiene vivo y el rasgo más importante de mi vida cristiana. Yo crezco en la intimidad con mi Señor y Salvador durante mi tiempo devocional. Él también me muestra cómo vivir, qué compromisos guardar o cancelar y qué es lo más importante en la vida. Es como pasar tiempo en la presencia de la persona que amas. Creo firmemente en el tema de este libro que estás a punto de estudiar. Si piensas estudiar este libro a solas, te recomiendo que lo hagas con un asesor espiritual para que te pueda brindar ayuda, contestar tus preguntas, y también para que tengas alguien en quien confiar. En el apéndice, encontrarás algunas pautas para los asesores.

Recursos Adicionales

Crece es parte de una serie de cinco libros que conllevan a la madurez de un seguidor de Jesucristo. La meta de este libro es enseñarte cómo pasar tiempo de calidad con Dios. Si estás interesado en los otros cuatro libros que siguen en esta serie, puedes comprarlos en www.joelcomiskeygroup.com o llamando al teléfono 1-888-344CELL (en EE.UU.) o www.creedrecursos. es o llamando al teléfono +34 881 99 05 70 (en España).

Puedes usar este libro de forma individual, en un pequeño grupo o en un salón de clases. Muchas iglesias usan este material en grupos. Es la manera más usual, pero no la única. Los bosquejos para la enseñanza y los PowerPoints para todos los cinco libros de asesoramiento de esta serie están en un CD. Puedes comprar ese CD en el sitio web o en el número telefónico que figura arriba (en EE.UU. o en España).

Establece una conexión con Dios

En 1989, mi esposa Celyce y yo --recién casados-- íbamos de camino a casa después de asistir al culto en una iglesia de la ciudad de Escondido en California. Viajábamos sobre un trecho poco transitado de la autopista interestatal 15 y languidecía la tarde. De repente nuestro viejo Toyota dio varios estallidos y se detuvo. ¡Nos quedamos sin combustible! Me había descuidado la semana anterior y olvidé llenar el tanque. No había teléfonos, ni casas, ni nada cerca… Abrí la puerta del automóvil y me bajé asustado. "Supongo que tendré que conseguir ayuda, que alguien me lleve en su coche a conseguir algo de combustible", dije para mí mismo.

Dentro de tres minutos, una persona sonriente se detuvo y se presentó como un evangelista, un cristiano; nos llevó a la gasolinera más cercana (a muchas millas de distancia) y luego de vuelta a nuestro coche. Inolvidable. ¡Un milagro directamente del trono de Dios! ¡Sin embargo, no me atrevo a tentar a Dios de nuevo conduciendo intencionalmente sin combustible en una carretera oscura sólo para saber si otro evangelista, o quizá un apóstol, se detendría para ayudarme! Así como los automóviles se quedan sin combustible, también los cristianos dejan de funcionar espiritualmente a menos que reciban aliento desde arriba. Como creyente, tendrás poco impacto sobre otros si tratas de vivir sin la inspiración de Dios. El tiempo devocional diario con Dios proporciona el sustento espiritual necesario para llenar nuestras almas.

Una conexión diaria

El tiempo devocional es una actividad diaria que ocurre a un tiempo determinado y en un lugar específico. Es un tiempo apartado para leer la Biblia, orar y buscar a Dios.

¿Cuál es la evidencia bíblica para tener este tiempo devocional diario? Aunque hay muchas referencias implícitas en la Biblia, la principal es Mateo 6:6: "«Pero tú, cuando te pongas a orar, entra en tu cuarto, cierra la puerta y ora a tu Padre, que está en lo secreto. Así tu Padre, que ve lo que se hace en secreto, te recompensará". En estos versículos, Jesús habla acerca de un tiempo específico («cuando») y un lugar específico ("tu cuarto") para pasar un tiempo con el Dios que ve lo que se hace en secreto. Dios quiere que nos conectemos con Él diariamente en un lugar particular y en un momento específico.

¡Inténtalo!

Lee Mateo 6:5.
¿Cómo oraban los hipócritas?

_____

_____

_____

¿Por qué Dios detesta esta manera de orar? ¿Cómo puedes evitarlo?

_____

_____

_____

_____

_____

_____

Dos maneras de conectarte con Dios

Pablo dice en 1 Tesalonicenses 5:17-18: "Oren sin cesar; den gracias a Dios en toda situación, porque esta es su voluntad para ustedes en Cristo Jesús". Es muy importante que hablemos con Dios a lo largo del día. La Biblia nos instruye a orar en toda situación. Orar a lo largo del día, sin embargo, no debe sustituir el tiempo devocional diario con Dios en un lugar específico y a una hora fija.

En la tabla a continuación se destacan las diferencias entre un tiempo devocional fijo y la oración continua.

Tiempo devocional comparado con oración continua	
Tiempo devocional	Oración continua
• Se recibe la plenitud de Dios	• Se mantiene la plenitud de Dios
• Se estudia la Palabra de Dios	• Se recuerda la Palabra de Dios
• Se espera a Dios	• Se camina con Dios
• Se ora en forma específica	• Se ora de momento a momento

El tiempo devocional y la oración continua se alimentan mutuamente; ambos son importantes. El tiempo personal a solas con Dios nos refresca y nos permite caminar en el Espíritu durante el resto del día. Después de pasar un tiempo en Su presencia, notarás una nueva sensibilidad hacia Dios en las actividades diarias. Orar sin cesar es la acción resultante que caracteriza al cristiano después de recibir la abundancia de Dios en el tiempo devocional. Así que no cometas el error de sustituir el uno por el otro.

¿Qué haces durante un tiempo devocional?

Cuando empecé mi noviazgo con Celyce, programaba nuestras salidas para asegurarme de que todo fuera perfecto. Escogía los lugares a visitar y las actividades a realizar. Pero en cada salida, nuestras conversaciones eran naturales y espontáneas. No llevaba un guión ni apuntes para guiar la conversación; manteníamos una interacción libre y espontánea.

Creo que son útiles ciertas pautas para determinar cómo llevar a cabo un tiempo devocional (un plan de lectura bíblica, guías para orar, etc.). Más aun, la meta del tiempo devocional debe ser siempre la de conocer más íntimamente a Dios. Pero así como el flujo de mi conversación con Celyce era natural y espontáneo, lo que constituye un tiempo devocional debe ser también flexible y espontáneo. La meta es desarrollar una relación con el Dios viviente. El apóstol Pablo dijo en Filipenses 3:10–11: "Lo he perdido todo a fin de conocer a Cristo, experimentar el poder que se manifestó en su resurrección, participar en sus sufrimientos y llegar a ser semejante a él en su muerte. Así espero alcanzar la resurrección de entre los muertos".

Conocemos a Dios por leer Su palabra y escuchar Su voz, por medio de la adoración, la oración y la práctica de disciplinas espirituales. Todas estas áreas están descritas en los siguientes capítulos de este libro.

Muchas personas miran al tiempo devocional como una regla a cumplir, antes que una relación con el Dios viviente. Eso es totalmente erróneo. El tiempo devocional tiene que ver totalmente con conocer a Dios íntimamente y disfrutar de una comunión con Él de forma continua.

¡Inténtalo!

Lee Juan 17:3
¿Cómo describe Jesús la vida eterna?

_____

_____

_____

¿Cómo puedes hacer que tu meta principal sea conocer a Dios ?

_____

_____

_____

_____

¿Por qué pasar tiempo con Dios diariamente?

Dios anhela pasar tiempo con nosotros más de lo que nosotros mismos anhelamos. De hecho, Él nos creó con el deseo de pasar tiempo con Él. Nosotros le buscamos porque Él nos buscó primero; Él puso ese deseo en nuestro corazón y ese deseo es el que nos sostiene día tras día.

Lo bueno es que, a medida que pasas tiempo con Dios, aumentará tu deseo de estar con Él.

¡Inténtalo!

Lee Romanos 8:28–39.
¿Cuál es la actitud de Dios hacia sus hijos?

_____

_____

_____

¿Cómo puedes aplicar estos versículos en tu propia vida?

_____

_____

_____

_____

_____

La Biblia insiste: "no en que nosotros hayamos amado a Dios, sino en que Él nos amó" (1 Juan 4:10). El amor profundo de Dios nos estimula a que le busquemos cada día. Pasar tiempo a diario con él significa que nos regocijamos en Su bondad y le damos gracias por todo lo que ha hecho y lo que hará.

Lo asombroso es que Dios quiere pasar tiempo con nosotros más de lo que nosotros mismos queremos, y sabe que le necesitamos aun más de lo que podemos comprender.

Fuerza diaria

Necesitamos pasar tiempo con Dios porque necesitamos fuerza diaria. Jesús dijo: "Por lo tanto, no se angustien por el mañana, el cual tendrá sus propios afanes. Cada día tiene ya sus propios problemas" (Mateo 6:34). Ya que todos los días enfrentamos nuevos desafíos, no podemos depender del encuentro que tuvimos ayer con Dios. Necesitamos la fortaleza diaria, y el tiempo devocional nos ayuda a prepararnos para los desafíos diarios de la vida a medida que dejamos que Dios nos lleve a la victoria.

¡Inténtalo!

¿Cuáles son algunas de tus luchas diarias?

_____

_____

_____

_____

¿Cómo te puede ayudar un tiempo devocional a enfrentar estas situaciones?

_____

_____

_____

_____

_____

_____

Algunas personas sustituyen el tiempo devocional por la asistencia a la iglesia. Es cierto que el asistir a la iglesia ayuda a los creyentes a madurar y es necesario para la vida cristiana, pero no se puede sustituir al tiempo diario a solas con Jesús. Es importante aprender cómo alimentarnos diariamente.

Así como necesitamos diariamente la comida material, del mismo modo también necesitamos la comida espiritual diaria. Jesús se refirió a este problema en Mateo 6:11 donde dice: «Danos hoy nuestro pan cotidiano». Observa la palabra «cotidiano». Nuestros cuerpos humanos están diseñados para comer diariamente. Nuestras vidas espirituales también necesitan fuerza y vitalidad diarias. Recibimos este pan diario a través de la lectura de la Palabra de Dios, meditando en porciones específicas de las Escrituras, adorando, escuchando a Dios, confesando los pecados y orando.

¡Inténtalo!

Lee Mateo 6:34.

De acuerdo a este verciculo, ¿qué debemos evitar?

_____

_____

_____

¿Cómo puedes aplicar este versículo a tu situación actual?

_____

_____

_____

_____

_____

_____

¡Hazlo!
Comprométete a tener un tiempo devocional diario esta semana.

El Galardón de Dios

Observa que Mateo 6:6 incluye un premio. Jesús dijo: "Pero tú, cuando te pongas a orar, entra en tu cuarto, cierra la puerta y ora a tu Padre, que está en lo secreto. Así tu Padre, que ve lo que se hace en lo secreto, te recompensará". Él bendecirá tu vida y te prosperará de muchas maneras diferentes. Dios es el que premia a los que le buscan en secreto.

¡Inténtalo!
Mateo 6:6 menciona un premio.
¿De qué forma esperas ver la recompensa de Dios en tu propia vida?

_____

_____

_____

_____

_____

_____

_____

_____

Personalmente, Dios me bendice a menudo en mi tiempo devocional mostrándome cómo manejar mi vida. Me pongo a orar y luego, de repente, me muestra cómo programar mi horario para que pueda conseguir hacer más en el día y durante la semana. O me muestra cómo comunicarme más eficazmente con mi esposa, mis hijas o mis socios de trabajo. Frecuentemente Dios nos premia en esas áreas que podríamos considerar mundanas. Normalmente Dios no nos habla en el tiempo devocional con un rayo, una llamarada del cielo o con un toque milagroso.

¡Inténtalo!

Verdadero o falso:

☐ El tiempo devocional nos ayuda a crecer

☐ El tiempo devocional nos ayuda a ganar méritos para poder ir al cielo.

☐ El tiempo devocional fortalece nuestra relación con Dios.

He descubierto que hay una ecuación inversa cuando se trata de pasar tiempo con Dios. Si haces el tiempo con Dios tu principal prioridad, Él te ayudará a lograr mucho más durante el día. Martín Lutero dijo una vez durante una época en la que estaba muy ocupado: "Hoy tengo tanto que hacer que debo pasar las primeras tres horas en oración".

¡Memorízalo!

Mateo 6:6 "Pero tú cuando te pongas a orar, entra en tu cuarto, cierre la puerta y ora a tu Padre, que está en lo secreto. Así tu Padre, que ve lo que se hace en el secreto, te recompensará".

¡Recuérdalo!

¿Qué fue lo que más te impactó de esta lección? _____

_____

_____

_____

_____

_____

_____

_____

Puntos principales:

1. El tiempo devocional nos capacita para andar en el Espíritu y "orar siempre" a lo largo del resto del día.
2. No hay una manera fija de tener el tiempo devocional. Lo importante es acercarte a Dios, evitando el ritual y la rutina.
3. Necesitamos pasar un tiempo diario con Dios para recibir una alimentacón espiritual regular.

¡Aplícalo!

1. De todas las razones para pasar tiempo con Dios, ¿cuál es la más importante para ti? ¿Por qué?
2. ¿Cuál es la razón principal para tener un tiempo devocional?
3. ¿Qué obstáculos durante el tiempo devocional te impiden acercarte a Dios?
4. Separa tiempo para una cita con Dios todos los días durante la próxima semana.

Prepara para tu encuentro con Dios

Estás en la Casa Blanca esperando ver al Presidente de los Estados Unidos. En cinco minutos tendrás la oportunidad de darle la mano y visitar la oficina presidencial. Ha sido el sueño de tu vida. Estás nervioso, has ensayado todo mentalmente, y tratas de disimular tus emociones. Entonces ves que la puerta se abre y escuchas lo siguiente: "Pase, por favor".

Ahora imagínate lo siguiente: el Rey de reyes, mucho más importante que cualquier dignatario terrenal, ha solicitado tu presencia. Te invita a que te presentes ante Su trono majestuoso. Él no quiere conocerte sólo para tener una oportunidad fotográfica o simplemente para estrecharte la mano — Él quiere que te reúnas con él todos los días.

Separa tiempo para Dios en la agenda

Esto fue una prioridad para Jesús cuando Él estuvo en la tierra: pasar tiempo exclusivo con Su Padre. Por cierto, cuanto más ocupado estaba Jesús más tiempo quería estar con el Padre. Lucas 5:15 explica que cuando "la fama de Jesús se extendía cada vez más", el éxito de Su ministerio lo obligaba a pasar más tiempo con Dios. El versículo 16 dice: "solía (Jesús) retirarse a lugares apartados para orar". Con un ministerio que cada día le ocupaba más, Él se separaba de la multitud para tener tiempo a solas con Dios. Si Jesús, el Hijo de Dios y nuestro modelo, pasaba tiempo con el Padre ¿no lo debemos hacer nosotros? La respuesta es clara que nosotros también necesitamos pasar tiempo con Dios pero, ¿cuándo?

Escoge el momento mejor

Pienso que el mejor momento es cuando uno está más despierto. Algunas personas, aunque parezca difícil creerlo, tienen más energía por la noche. Estas personas logran poco por la mañana — incluyendo pasar tiempo con Dios. Y dado que Dios merece nuestro mejor tiempo, dichas personas deben tener su tiempo devocional por la noche.

¡Inténtalo!

Lee Salmo 5:3
¿Cuándo se acerca a Dios el escritor de este salmo?

_____

_____

_____

_____

¿Cuáles son los beneficios de la mañana para ti?

_____

_____

_____

_____

_____

Otro factor es el horario. Las madres con hijos pequeños podrían decidir tener su tiempo devocional durante la hora de la siesta, al mediodía o por la tarde. La persona que toma la autopista para ir a su trabajo podría decidir que el tiempo más oportuno es a mediodía en la quietud de su oficina. La disponibilidad de tiempo y la capacidad para estar alerta son factores importantes en la decisión de asignar una hora para el tiempo devocional.

Jesús escogía a menudo la hora de la mañana para buscar a Dios. Marcos 1:35 dice: "Muy de madrugada, cuando todavía estaba oscuro, Jesús se levantó, salió de la casa y se fue a un lugar solitario, donde se puso a orar". Un aspecto importante de hacer las devociones por la mañana es que la mente está despejada. El descanso nocturno capacita a la mayoría de las personas para pensar más claramente. ¿Qué otros beneficios podrían resultar de tener un tiempo devocional por la mañana? Otros prefieren la tarde o la noche porque están más despiertos, tienen más tiempo o se concentran mejor.

Si escoges la noche, te da la oportunidad de reflexionar sobre el día a la luz de las Escrituras y de prepararte para la batalla del día siguiente. Además, las personas que pasan un tiempo diario con Dios por la noche dicen que duermen más apaciblemente porque depositan las cargas del día a los pies del Padre.

¡Inténtalo!

¿Qué se adapta mejor a tu horario personal para tener un tiempo devocional, por la mañana, por la tarde o por la noche? ¿Por qué?

_____

_____

_____

_____

_____

_____

_____

Sea consistente

Es posible que la falta de consistencia sea el estorbo más grande para mantener diariamente --y de forma continua-- un tiempo devocional. Cuando pregunto a las personas qué tan frecuentemente tienen un tiempo devocional, generalmente me responden: "Cuando siento las ganas". El problema con esto es que cuando las personas no se sienten con ganas, no lo hacen. Con el tiempo, se desarrolla el hábito de no tener un tiempo devocional diario. No es necesario "sentirse con ganas" para tener un tiempo devocional diario. Tener un tiempo devocional es cuestión de fe y disciplina— no de sentimientos.

Al planificar tus actividades diarias haz que tu tiempo devocional sea lo primero en programar. ¡Es una cita con el Rey! Un pastor menonita, Everett Lewis Cattell, en la década de 1960, dijo: "Es menester regular el tiempo… simplemente como garantía de que se realizará la actividad. Afortunadamente eso nos conduce a algo mejor, porque la disciplina en la devoción da lugar al gozo". (Everett Lewis Cattell, *The Spirit of Holiness* (El Espíritu de Santidad), Kansas City, Mo.: Beacon Hill, 1963, p.64).

Te recomiendo lo siguiente para lograr ser consistente con tu tiempo devocional:

1. Fija una hora específica. La probabilidad de que tengas tu tiempo devocional aumenta cuando lo incluyes en tu agenda.
2. Haz que tus actividades diarias giren en torno al tiempo fijado para tus devociones. Es necesario que planifiques tu horario alrededor del tiempo devocional, y no al revés.
3. Determina cuánto tiempo le vas a dedicar a Dios. Mi recomendación es que empieces con media hora y que aumentes gradualmente hasta llegar a una hora de duración.
4. Sé consistente. Es posible que al principio sólo consigas mantener cinco minutos de un tiempo de calidad. Pero mientras te mantengas fiel a esta decisión, los cinco minutos se convertirán en 20 ó 30 y el tiempo que pases con Dios se convertirá en el mayor deleite de tu día.
5. Recuerda, sobre todo, que la meta es llegar a conocer al Dios vivo. El tiempo devocional tiene que ver totalmente con esta relación. Consiste en llegar a conocer a tu mejor amigo.

¡Inténtalo!

De las cinco sugerencias anteriores, ¿cuál crees que podría ser la más útil en tu situación? ¿Por qué lo crees así?

_____

_____

_____

_____

_____

_____

_____

_____

_____

_____

_____

_____

Acepta los fallos

El tiempo que pasamos con Dios debe ser un deleite, no una carga. Se trata de mantener comunión con el Rey, no de cumplir con un ritualismo para evitar sentimientos de culpa o de fracaso. Entonces, cuando las circunstancias no permitan que pases tiempo con Dios, no dejes que el diablo te condene. Sí, fallarás. Habrá circunstancias que dificultarán mantener tu horario normal. Acepta las circunstancias extraordinarias como parte de la vida y no te rindas. El enfoque de este libro es hacer que el tiempo devocional se convierta en una regla de tu vida diaria. Por supuesto, habrá excepciones a la regla. Es parte de la vida.

Cuánto tiempo debes pasar con Dios

Tener un tiempo devocional diario es como correr una maratón y no los cincuenta metros planos. Muchos empiezan bien para luego detenerse. Empiezan con expectativas demasiado elevadas acerca de ellos mismos. No intentes ser un gigante espiritual con un único salto de fe. Dios te revelará cuánto tiempo Él quiere que pases cada día con Él. No necesitas dejar tu trabajo o tu familia para pasar ocho horas al día en oración. Fíjate una meta realista que puedas mantener en vez de una que sabes que no podrás cumplir.

¡Inténtalo!

¿Cuánto tiempo crees que debe pasar una persona en su tiempo devocional diario?

_____

_____

_____

_____

_____

_____

_____

_____

_____

Encontrar un equilibrio

Recuerdo haber leído de cristianos famosos del pasado que dedicaban cinco o seis horas al día a la oración personal. Eso me motivó a tratar de encontrar cinco horas adicionales en el día para dedicarlas a la oración. La mayoría de las veces que lo intenté fallé miserablemente. Nunca me olvidaré de la vez en que un amigo me despertó en la sala de oración después de haber yo estado allí durante horas. Para los que inician el camino de establecer el hábito de pasar tiempo con Dios existe el peligro de intentar pasar demasiado tiempo con Él. Cuando disminuye el entusiasmo es posible que te sientas agotado y quieras abandonar los tiempos devocionales del todo. Eso es algo que al diablo le encantaría.

Un problema común en la actual sociedad de paso agitado es que no tenemos tiempo suficiente con Dios. Muchos quieren la madurez espiritual sin pagar el precio que exige el crecimiento. Crecer en intimidad con Dios toma tiempo. Obviamente, requiere tiempo alejar los pensamientos agobiantes del día. Si no disfrutas de la presencia de Dios es posible que te pierdas la oportunidad de experimentar Su gozo y paz. No te pierdas de la bendición de Dios al abandonar Su presencia justo cuando Él está a punto de llenarte. Puedes necesitar sólo diez minutos para pedir, pagar, comer y salir de McDonalds, pero el tiempo devocional no funciona así. Estoy de acuerdo en que tener diez minutos es mejor que nada. Pero dedicar treinta minutos te da tiempo para respirar y abrir la puerta a la comunión con Dios.

¡Memorízalo!

Mateo 6:33 "Más bien, busquen primeramente el reino de Dios y su justicia, y todas estas cosas les serán añadidas".

La cantidad de tiempo

Mi recomendación para los que empiezan su tiempo devocional es que dediquen media hora por día, con la meta de graduarse a una hora. Al principio, los 30 minutos se sentirán larguísimos, pero pronto pasarán volando y querrás dedicar más tiempo en tu agenda para estar con Dios. La razón para asignar una cantidad específica de tiempo es poder perseverar durante tiempos de sequía. C. Peter Wagner escribe: "Es aconsejable empezar con cantidad que con calidad en cuanto al tiempo dedicado a la oración diaria. Primero, programa tu tiempo. La calidad viene después". (Peter Wagner, *Prayer Shield* (El Escudo de la Oración), Ventura, California,: Regal, 1992, p.86).

¡Inténtalo!

¿Qué piensas acerca de la idea de pasar 30 minutos diariamente con el Señor?

_____

_____

_____

_____

_____

_____

_____

_____

_____

La clave es no rendirse. Como en cualquier relación, entre más tiempo pasas con la persona, más cómodo te sentirás. Llegas a conocer a la persona y disfrutas su presencia en tu vida. Al pasar tiempo con Dios --de forma consistente-- notarás una nueva libertad en Su presencia. La cantidad de tiempo se convertirá en calidad a medida que madura tu relación con Él.

¡Hazlo!

Comprométete a pasar 30 minutos diariamente con el Señor. Haz que sea tu primera prioridad.

¡Recuérdalo!

Resume en tus propias palabras la principal enseñanza que recibiste

de esta lección _____

_____

_____

_____

_____

_____

_____

Puntos principales:

1. Jesús nos invita a pasar tiempo con Él en un tiempo específico cada día. Para muchos, pasar tiempo de calidad con Dios es mejor por la mañana mientras que otros prefieren la tarde o la noche.

2. La clave para determinar cuándo debes tener tu tiempo devocional está en descubrir cuándo estás más alerta y dispones de tiempo suficiente.

3. La consistencia es importante para desarrollar el hábito diario de un tiempo devocional.

¡Aplícalo!

1. ¿Cuáles han sido tus obstáculos para no establecer un tiempo devocional consistente y diario? (por ejemplo, sentir sueño etc.).

2. Determina la hora exacta de tu cita diaria con Dios. Después pon el despertador o programa tu agenda para asegurar de antemano que cumplirás con el compromiso (si es necesario, toma café, haz ejercicio, etc. para que permanezcas despierto)

3. Determina la duración del tiempo devocional que te venga mejor.

4. Pasa esa cantidad de tiempo devocional diariamente durante las próximas dos semanas.

Establece contacto con Dios

Los científicos han invertido millones de dólares tratando de hacer contacto con seres extra-terrestres. Me refiero a un programa de investigación llamado SETI (Búsqueda de Inteligencia Extraterrestre, por sus siglas en inglés). Estos científicos asumen que debe existir un planeta parecido al nuestro y que igualmente gira alrededor de una estrella en alguna parte entre los millones de galaxias. El programa SETI ha reunido a más de tres millones de usuarios de computadoras domésticas para que analicen las señales que los telescopios de radio mandan y reciben de estas estrellas distantes. No se ha logrado ningún contacto hasta ahora. ¡Los extraterrestres no hablan!

La buena noticia es que ¡el Dios del universo sí habla! Él envió a Su Hijo a la tierra para establecer contacto con nosotros. Luego, nos dio el Espíritu Santo para que viviera dentro de todos los que creen. Podemos mantener el contacto constante con Dios a través del Espíritu Santo. Y el Dios del universo también nos dio Su libro divino para guiarnos. A Dios le agrada mantener un vínculo íntimo con Sus hijos.

Dónde encontrarse con Dios

El ruido es constante en el mundo moderno. Nos hemos acostumbrado tanto al ruido que nos sentimos incómodos con el silencio.

Jesús atendió a las muchedumbres, pero también tuvo la necesidad de "cerrar la puerta" para tener comunión con el Padre. El evangelio de Lucas nos dice: "Por aquel tiempo se fue Jesús a la montaña a orar, y pasó toda la noche en oración a Dios. Al llegar la mañana, llamó a sus discípulos y escogió doce de ellos" (6:12–13).

Así como Jesús dejó el ruido de la multitud para buscar al Padre, yo insisto (tanto como me sea posible) en que dejes atrás el ruido y las distracciones del trabajo, del ministerio y de la familia, para buscar a Dios. No podemos entrar en la presencia santa de Dios mientras que estamos sentados delante del televisor o interrumpidos por llamadas telefónicas o conduciendo un coche rumbo al trabajo.

La palabra griega que Jesús usa en Mateo 6:6 para indicar "cuarto" es "*tameon*". Esta palabra también se refiere a un lugar en el templo del Antiguo Testamento donde se guardaban los tesoros. Cuando entramos en ese «cuarto» especial y buscamos a Dios en el tiempo devocional, Él nos revela Sus riquezas y nos llena de Su Espíritu.

La variedad de los lugares privados

Independientemente de que tu "cuarto" sea una alcoba, la azotea, un parque o un área despoblada, lo importante es que puedas "cerrar la puerta" al ruido y a las preocupaciones cotidianas.

¡Inténtalo!

A continuación se presentan algunas sugerencias que pueden funcionar como lugares privados.

☐ La alcoba
☐ El parque
☐ La oficina
☐ La playa
☐ El patio
☐ El bosque
☐ El jardín
☐ El garaje
☐ El baño

¿Cuáles te parecen mejor?

_____

_____

_____

Aun en medio de un mundo desordenado y que vive a toda prisa, Dios nos proporciona muchas oportunidades para buscarlo. Durante el invierno de 1984 en Nueva York, tomé mi tiempo devocional diario en el baño porque el retrete era el único asiento disponible. La clave estuvo en tener mis devociones antes de que mis compañeros de cuarto se despertaran y necesitasen usar el servicio. En situaciones normales, tomo mi tiempo devocional en la oficina de mi casa, pero, cuando es posible, me deleito en buscar a Dios en el campo (por ejemplo, en el bosque, en un parque o cerca de un lago). El único criterio para determinar un lugar privado es asegurar que tenga quietud total. ¿Qué tipo de lugar privado te parece el más deseable? En el pasado, ¿dónde has tomado tiempo con Dios?

¡Inténtalo!

Distracciones potenciales:
- ☐ Llamadas telefónicas
- ☐ El timbre de la puerta
- ☐ El ruido de los niños
- ☐ Sensación de hambre
- ☐ La música fuerte
- ☐ T.V.
- ☐ Internet

¿Qué es lo que más te distrae?

_____

_____

_____

La postura

Dios quiere comunicarse con nosotros. No está demasiando preocupado con la forma en que nos acercamos a Él. Se interesa principalmente en que pasemos tiempo en Su presencia. La Biblia presenta una amplia variedad de posturas.

¡Inténtalo!

Normalmente, ¿en qué postura corporal prefieres?

- ☐ Arrodillado (Esdras 9:5)
- ☐ Postrado con el rostro en tierra (Éxodo 4:31)
- ☐ Agachado (2 Reyes 18:22) ¿?
- ☐ Inclinando la cabeza (Isaías 58:5)
- ☐ De pie ante el Señor (Nehemías 9:2)
- ☐ Postrado ante el Señor (Deuteronomio 9:18)
- ☐ Alzando las manos (Salmo 63:4)

¿Por qué te agrada una postura en particular (o quizás te agrade una postura que no está en la lista)?

_____

_____

_____

_____

_____

_____

Una postura le agrada Dios cuando expresa la realidad del corazón. Postrarte delante de Dios durante horas de un modo doloroso porque crees cumplir con un requisito es algo que no le agrada a Dios. Dios detesta el ritual religioso que no se apoya en la sinceridad. Sigue la dirección de Dios al escoger las posturas durante el tiempo devocional (arrodillado, postrado, etc.).

Hallando a Dios

Durante los primeros años de la exploración europea de América del Sur, un velero se quedó sin agua cerca de la desembocadura del río Amazonas. Este río tiene el mayor volumen de agua dulce que cualquier otro río del mundo. Los marineros no podían ver tierra y pensaban que estaban en medio del océano. Algunos murieron de sed. Finalmente, en su desesperación, un marinero se inclinó sobre el costado del velero y bebió, y descubrió que habían estado navegando en agua dulce durante días. Estás rodeado del agua limpia y dulce del amor y la gracia de Dios. Te envuelve. El tiempo devocional te ayuda a beber de Su presencia y apagar la sed espiritual.

Porque Dios está –al mismo tiempo-- en todas partes, no es necesario reunirnos con Él en un solo lugar o en una posición en particular. Pero tenemos que reunirnos con Él. La Biblia nos exhorta con frecuencia a buscar a Dios.

¡Inténtalo!

Lee Jeremías 29:13-14ª.
¿Cuál es la promesa en este versículo?

_____

_____

_____

¿Cómo piensas "encontrarte con Dios" en tu tiempo devocional?

_____

_____

_____

_____

_____

_____

_____

_____

El Nuevo Testamento tiene muchas exhortaciones similares: "En realidad, sin fe es imposible agradar a Dios, ya que cualquiera que se acerca a Dios tiene que creer que él existe y que recompensa a quienes lo buscan" (Hebreos 11:6).

Obviamente, Dios quiere que hagamos el esfuerzo de buscarle y desearle. Él no quiere que lo busquemos con una fe débil y exigua sino con una devoción al rojo vivo, con pasión. A nosotros nos corresponde hacer nuestra parte, buscar; y Dios responde. Dios se revelará al que le busca, pero tenemos que buscar.

Cuando buscamos a Dios en nuestro tiempo devocional, Él se agrada de que dependamos de Él para cada decisión, preocupación y dificultad. Cuando me enfrento a problemas familiares, de finanzas o respecto al futuro, he aprendido a llevar estos problemas directamente a Jesús. He descubierto que Él anhela verme en ese estado de confianza y dependencia. Jim Cymbala, el autor de *Fresh Wind, Fresh Fire*, (Viento Fresco, Fuego Fresco) dice: "Me he dado cuenta de una verdad asombrosa: la debilidad atrae a Dios. Él no se resiste a los que humilde y honestamente admiten que lo necesitan desesperadamente. Nuestra debilidad, de hecho, da lugar a Su poder" (Jim Cymbala, *Fresh Wind, Fresh Fire*, Grand Rapids: Zondervan, 1997, pag.19).

En lugar de acudir a Dios con agendas y planes preconcebidos, la búsqueda de Dios nos ayuda a tener una absoluta dependencia de Él. No tenemos a quien volvernos sino a Jesús. Romanos 8:26–27 dice: "Así mismo, en nuestra debilidad el Espíritu acude para ayudarnos. Y Dios, que examina los corazones, sabe cuál es la intención del Espíritu, porque el Espíritu intercede por los creyentes conforme a la voluntad de Dios".

¡Hazlo!
Durante el tiempo devocional, continúa en la presencia del Señor hasta que sientas Su alegría.

¡Inténtalo!

Consejos para buscar a Dios:

□ Busca a Dios, en vez de los beneficios que Él te puede dar.

□ Persiste buscándole aun cuando no sientas Su presencia.

□ Espera encontrarlo y experimentar Su alegría.

□ No dejes que el tiempo devocional se vuelva un ejercicio estéril.

¿Cuál de los consejos anteriores te podría ser más útil? ¿Por qué?

_____

_____

_____

_____

_____

_____

_____

Dios quiere revelarse

Dios quiere que le busquemos porque anhela revelarse a nosotros. Dios no juega a las escondidas esperando no ser encontrado. Más bien, Él nos ha dicho que si lo buscamos, lo encontraremos. Encontrar a Dios quiere decir simplemente que podemos experimentar Su presencia, descubrir Su voluntad para nuestras vidas y madurar para conocerlo más íntimamente.

¡Inténtalo!

Lee Juan 15:5.
¿Qué dice Jesús aquí?

_____

_____

_____

¿Cómo puedes aplicar esto a tu vida?

_____

_____

_____

_____

_____

_____

_____

_____

_____

No es la intención de Dios que nos convirtamos en buscadores ansiosos de méritos para que Él se nos revele. Dios anhela revelarse. Le deleita a Dios revelarse al que le busca — así que sólo es cuestión de tiempo que Dios se te revele.

Cuando le buscamos a Dios, lo que en realidad le estamos comunicando es lo siguiente: "Dios, yo te necesito. Si Tú no me ayudas, si no me respondes, no tengo ninguna esperanza".

¡Memorízalo!
Salmo 16:11 "Me has dado a conocer el camino de la vida; me llenarás de alegría en tu presencia, y de dicha eterna a tu mano derecha".

Descubre Su alegría

Dios nos llena la vida con gozo y satisface nuestros deseos más profundos. Si te concentras primeramente en buscar a Dios, verás que no sólo le vas a encontrar, sino que también tendrás la bendición del gozo intenso de entrar en Su presencia.

¡Inténtalo!

Lee Salmo 16:11.
¿Qué encontramos en Su presencia?

_____

_____

¿Recuerdas algún momento cuándo sentiste júbilo en la presencia de Cristo? Descríbelo:

_____

_____

_____

_____

Dios mismo es nuestra recompensa. Dios le dijo a Abraham: "Yo soy tu protector. Tu recompensa va a ser muy grande" (Génesis 15:1 – Dios Habla Hoy). A medida que buscas diaria y diligentemente a Dios en tu tiempo devocional, no sólo aumentará la intimidad entre tú y tu Señor, también llegarás a saber que tu mayor recompensa es conocer personalmente a Dios.

¡Recuérdalo!

Escribe una oración pidiéndole a Dios que te ayude a entender y aplicar un principio de esta lección _____

_____

_____

_____

_____

_____

Puntos principales:

1. Dios desea que nosotros escojamos un lugar específico para tener el tiempo devocional donde podamos "cerrar la puerta" al ruido y a las actividades externas.

2. Dios desea revelarse a nosotros aunque sabemos, por seguro, que experimentaremos tiempos de sequía espiritual. No obstante, si perseveramos, Dios nos estará esperando al final de esos períodos.

3. La alegría que Dios infunde nos indica que realmente lo hemos encontrado; la mejor recompensa de buscar a Dios es encontrarlo.

¡Aplícalo!

1. Escoje la ubicación física en donde pasarás tu tiempo con Dios. Determina si ese lugar realza la quietud y el silencio. Si no, escoje otro lugar privado.

2. ¿Cuáles son algunos de los estorbos que has experimentado cuando has buscado a Dios?

3. Verifica el nivel de gozo en tu corazón después de pasar tiempo en Su presencia. ¿Sientes que Él te ha llenado?

4. Pídele a Dios que te llene de Su alegría durante el tiempo devocional.

Recibe de Dios

Yo realmente quise dejarme llevar por el mal camino, ¡pero NO PUDE!," nos contó Owen.

Como estudiantes de una universidad bíblica en Alberta, Canadá, estábamos compartiendo testimonios y dándonos apoyo moral. Nos encontrábamos todos amontonados al final de un pasillo largo y angosto de uno de los dormitorios, escuchando atentamente el testimonio de Owen. "Como adolescente intenté beber, fumar, andar de parrandero con los incrédulos. Lo asombroso fue que cada vez que traté de pecar, la Palabra de Dios me inundaba la mente.

"Cuando era niño, mis padres insistieron en que memorizara largas porciones de las Escrituras. Cuando quise rebelarme como adolescente, esos versículos bíblicos me venían a la mente en los momentos más inoportunos. Traté de escuchar la música rock para acallar las palabras, pero, en los momentos de silencio, me saltaba a la mente la Palabra de Dios.

"Me disgusté con mis padres por insistir en que memorizara la Biblia. Ahora, sin embargo, doy gracias a Dios por ellos. Como pueden ver, la Palabra de Dios ganó la batalla, y aquí estoy en el seminario bíblico". Owen terminó su testimonio leyendo el Salmo 119:11: "En mi corazón atesoro tus dichos para no pecar contra ti".

Leer la Palabra de Dios

La Biblia es la carta de amor de Dios para nosotros, nos instruye sobre cómo debemos vivir una vida santa y exitosa. No sólo te mantendrá alejado del pecado, sino que te revelará también quién es Dios.

Empezarás a entender Su naturaleza, Su gran amor por ti y Su plan perfecto para tu vida. Con la Palabra de Dios llenando tu corazón serás conducido con naturalidad hacia la adoración, la confesión de pecados, a escuchar Su voz y a orar por otros.

Ve a la fuente

Existen muchas guías devocionales y muy útiles en el mercado actual. La única precaución que te recomiendo tener es que no permitas que ningún libro o guía reemplace la Santa Palabra de Dios. Estas herramientas son sólo débiles espejos de la Biblia.

La Biblia no contiene errores. No se puede decir lo mismo de otros libros o guías. Podemos leer la Biblia con toda confianza, sabiendo que todo lo que está escrito es digno de total confianza (2 Timoteo 3:16). Al abrir la Palabra de Dios durante el tiempo devocional puedes estar seguro de que Dios mismo te está hablando.

Antes de leer la Biblia, pídele a Dios que te dé Su sabiduría. Puedes decir lo siguiente: "Espíritu Santo, ayúdame a entender la Biblia y aplicarla en mi vida diaria". Ésta es una oración que a Dios le agrada oír y contestar.

¡Inténtalo!

Verdadero o falso:

- Se puede confiar en la Biblia 100%.
- Sólo los expertos pueden entender La Biblia.
- La Biblia nos ayuda a conocer a Dios más íntimamente.

Establece un plan de lectura bíblica

Existen muchos planes y muy útiles para leer la Biblia. Es importante establecer un plan sistemático para la lectura de la Biblia durante el tiempo devocional. Yo uso un sistema que se conoce como "La Biblia en Un Año" (o al menos el plan de lectura de la Biblia en un año). Este plan tiene todos los libros de la Biblia colocados en lecturas diarias permitiéndole al usuario leer toda la Biblia en un año.

Yo recomiendo sin reserva "La Biblia en Un Año" porque ofrece una lectura amplia con una porción diaria del Antiguo y del Nuevo Testamento, del libro de Los Salmos y de Proverbios. Y si eres fiel al plan, ¡puedes celebrar el 31 de diciembre la lectura completa de la Biblia!

¡Inténtalo!

Lee Salmo 1:1–3.
¿Cómo describe David a la persona que medita continuamente en la Palabra de Dios?

_____

_____

_____

¿Cómo puedes aplicar estos versículos en tu propia vida?

_____

_____

_____

_____

_____

_____

Para los que piensan que seguir el ritmo de "La Biblia en Un Año" es demasiado rápido y preferirían seguir la lectura de la Biblia a un ritmo más pausado, otra alternativa sería leer un libro del Nuevo Testamento (un capítulo por día), después leer un libro del Antiguo Testamento (un capítulo por día). Puedes complementar la lectura diaria con un Salmo o un capítulo de Proverbios. Visita el portal de

Internet: http://www.biblegateway.com/resources/reading para consultar otros planes de lectura bíblica.

¡Hazlo!
Determina el plan de lectura de la Biblia a usar. Cada día, durante el tiempo devocional, lee la porción de las Escrituras que el plan requiere.

Más que un estudio

El tiempo de lectura bíblica debe involucrar más que simplemente un conocimiento de la Biblia en general; debe llevar a la aplicación de la verdad de Dios en tu vida. El escritor devocional contemporáneo Richard Foster dice: "Existe una inmensa diferencia entre el estudio de la Palabra de Dios y la lectura devocional de la Biblia. En el estudio de las Escrituras se le da prioridad a la interpretación, o sea, al significado. En la lectura devocional de las Escrituras, se da mayor prioridad a la aplicación de la Palabra, o sea, ¿qué significa para mí?" [*Celebration of Discipline* (Celebración de la Disciplina), Nueva York: Harper & Row, 1978, p.60)].

Meditando en la Palabra de Dios

El diccionario define meditación como una reflexión atenta, detenida y profunda que ayuda al desarrollo mental o espiritual. Involucra el acto de pensar profunda y cuidadosamente sobre algo. Algunas palabras que pueden describir la meditación incluyen consideración, reflexión y pensamiento. La meditación cristiana, a diferencia de la meditación oriental, reconoce un verdadero Dios que existe en tres personas distintas: Padre, Hijo y Espíritu Santo. El cristianismo afirma que los seres humanos somos pecadores y que necesitamos de un Salvador. Dios, el creador de este mundo, nos ha dado una Biblia libre de errores.

A diferencia de la meditación oriental, cuando meditamos en la Palabra de Dios no buscamos colocarnos en un estado mental pasivo. Más bien, afirmamos que la Palabra de Dios es la verdad y que Dios se comunica directamente con nosotros a través de Su Palabra. Buscamos comprender la Palabra de Dios en su totalidad y saber cómo aplicarla en la vida. Esto resulta en una mayor comprensión de la Palabra, en una vida transformada y en obtener la bendición de Dios.

La meditación en la Palabra de Dios consiste en la reflexión aunada a la oración con el propósito de entender la Escritura y aplicarla. La meta es conformar tu vida a la voluntad de Dios, por medio de la oración, para saber cómo debe regir la Palabra de Dios en tu vida.

Josué 1:8 dice: "No te apartes de ella (el libro de la Ley)... Recita siempre el libro de la ley y medita en ella de día y de noche; cumple con cuidado todo lo que está escrito. Así prosperarás y tendrás éxito". Según este versículo, ¿cuál debe ser la fuente de tu meditación? ¿Cuál es la relación entre meditación y aplicación? ¿Cuáles son los resultados de la meditación?

¡Inténtalo!

Practica estos pasos para la meditación:

1. Ora sobre un pasaje de las Escrituras.
2. Concéntrate en el pasaje y, mientras meditas, sigue repitiéndolo en silencio si quieres.

La meditación conduce a la memorización

La meditación en las Escrituras se centra en la interiorización y la personalización de un pasaje. Es el proceso de pensar y volver a pensar sobre un pasaje hasta que se entiende el significado y se aplica a la propia vida. La palabra escrita se convierte en la Palabra Viva de Dios. La memorización es el resultado natural de la meditación. Cuando se llega a conocer un versículo o un pasaje de un modo tan íntimo, queda plasmado en la mente, se convierte en parte tuya.

Son muchos los beneficios de memorizar la Palabra. Los que guardan la Palabra de Dios en su corazón pueden resistir la tentación (Mateo 4:1–11), reciben la victoria sobre el pecado (Salmo 119:11) y obtienen una excelente comprensión (Salmo 119:98–100).

¡Inténtalo!

Consejos para facilitar la memorización:

- Trata de entender el pensamiento que comunican las frases en lugar de entender solamente las palabras. No sólo se trata de memorizar versículos, sino de entenderlos y aplicarlos a la vida diaria.
- Reconoce que no existe tal cosa como una mala memoria — sólo hay memorias que no han sido entrenadas. Cualquiera puede desarrollar su memoria a través de una disciplina continua.
- Cita el versículo en voz alta. Esto te ayudará no sólo a ver el versículo sino también a oírlo.
- Memoriza un pasaje de la Biblia (varios versículos que comunican un pensamiento completo) en lugar de un versículo aislado. Esto te ayudará a entender el contexto.
- Repasa continuamente el versículo o versículos.

Escuchar la voz de Dios

Como humanos tenemos la tendencia a preferir que otra persona hable con Dios de nuestra parte y que luego nos diga lo que Él quiere. Los hijos de Israel tenían miedo de ir directamente con Dios y por eso le dijeron a Moisés: "Háblanos tú y te escucharemos. Si Dios nos habla seguramente moriremos" (Éxodo 20:18).

Dios habla en el silencio

Cuando el profeta Samuel era un jovencito, Dios lo despertó cierta noche para susurrarle la verdad sobre el futuro de Israel: "… Samuel dormía en el santuario, donde se encontraba el arca de Dios. El SEÑOR llamó a Samuel y éste contestó: 'Aquí yo estoy'" (1 Samuel 3:3–4). En el silencio profundo, con las lámparas apagadas, Dios se manifestó a Samuel.

¡Inténtalo!

Verdadero o falso:

- ☐ Dios nos habla sólo cuando estamos en la iglesia.
- ☐ Dios habla en cualquier lugar y en todas partes.
- ☐ Él prefiere hablar a través de los predicadores el domingo por la mañana.

Dios puede hablar cuando quiera y dondequiera. No se encuentra atado a un santuario ni a un lugar específico para hablar. Sin embargo, el tiempo especial en el que Dios nos habla es cuando estamos en Su presencia y le dedicamos tiempo de calidad. Durante el tiempo devocional, Dios tiene nuestra atención. Le hemos dedicado ese tiempo y el corazón se prepara por medio de la Palabra, la adoración y la confesión para recibir a Dios. La estática se ha esfumado y la señal nos llega fuerte y clara. Nos ubicamos en la frecuencia correcta. Dios nos hablará, con más seguridad, cuando guardemos silencio en Su presencia.

¡Memorízalo!
Salmo 119:11 "En mi corazón atesoro tus dichos para no pecar contra ti".

Sus ovejas conocen Su voz

En Juan 10 Jesús habla sobre las ovejas que siguen al Buen Pastor: "El portero le abre la puerta y las ovejas oyen su voz… Llama por nombre a las ovejas y las saca del redil. Cuando ya ha sacado a todas las suyas, va delante de ellas, y las ovejas le siguen, porque conocen su voz. Pero a un desconocido jamás lo siguen; más bien, huyen de él porque no reconocen la voz de un extraño" (vs. 3–5). Jesús, el Buen Pastor, desea guiarnos en cada paso del camino. Inculca sobre nosotros Su voluntad y dirección.

La voz de Dios	La voz de Satanás
• Va acompañada de paz	• Va acompañada de temor
• Sabiduría tierna	• Confusión
• Libertad	• Presión
• Poder para cumplir la tarea	• Culpa por la tarea difícil

La manera más común de cómo habla Dios a las personas se podría describir como "tener la impresión". Él imprime en nuestra mente y espíritu Su voluntad y Sus deseos. Tales "impresiones" nunca contradicen la Biblia. A medida que he invertido tiempo en Su presencia, me he familiarizado con Su tierna voz que me guía en la vida. No estoy seguro de cómo describir esa tierna voz, aparte de la sensación de paz, suavidad y facilidad para interpretar la Palabra y aplicarla. Mi reacción interna a esas "impresiones" que Él pone en mi corazón es: "Sí, eso es". Estas "impresiones" me pueden mostrar a quién debo llamar, a dónde debo ir y qué debo hacer.

¡Inténtalo!

¿Cómo sabes cuando Dios te ha hablado?

_____

_____

_____

_____

_____

_____

_____

¡Recuérdalo!

De esta lección, ¿qué fue lo que más te impactó? _____

_____

_____

_____

_____

_____

_____

_____

Puntos principales:

1. La aplicación de la Palabra de Dios tiene primacía sobre la observación y la interpretación.
2. Es mejor tener un plan de lectura diaria de la Biblia. El autor recomienda el plan "La Biblia en Un Año".
3. La memorización es el resultado de la meditación profunda.
4. Dios desea hablarnos directamente, y por lo general nos habla en los momentos de quietud de la devoción diaria.

¡Aplícalo!

1. Fíjate una meta específica de lectura bíblica (leer toda la Biblia en un año, dos años, etc.).
2. Reflexiona sobre Josué 1:7–8 y Salmo 1. Permite que estos versículos penetren profundamente en tu propia vida. Pregúntate qué cambios necesitas realizar en tu vida a consecuencia de estos versículos.
3. Toma uno o dos versículos de la Biblia de tu lectura bíblica diaria y medita sobre ellos. Después memoriza los mismos versículos.
4. ¿Te acuerdas de alguna ocasión cuando Dios te habló? ¿Qué te dijo?
5. Espera en quietud delante de Dios y busca oír Su voz en tu corazón.

Entra en la presencia de Dios

"Luego el rey David se presentó ante el Señor" (1 Crónicas 17:16). Esta frase indica uno de los mejores ejemplos de adoración pura en la Biblia. Justo antes de esto Dios le había recordado a David de su pasado tan humilde como pastor de ovejas y de cómo Él lo levantó para hacerle rey sobre todo Israel. Dios le confirmó todo lo que había hecho por David.

Y no sólo que juró Dios seguir bendiciendo a David en el presente, sino que también le prometió bendecir y prosperar su futura descendencia: "Te anuncio, además, que Yo el SEÑOR, te edificaré una casa. Cuando tu vida llegue a su fin y vayas a reunirte con tus antepasados, yo pondré en el trono a uno de tus descendientes, a uno de tus hijos, y afirmaré su reino" (1 Crónicas 17:10–11). Al escuchar estas palabras, le faltaron las fuerzas a David para seguir de pie. Se sentó lleno de gratitud. Las palabras carecían de sentido y el tiempo se detuvo. Finalmente, David respondió con el corazón agradecido: "Señor y Dios, ¿quién soy yo, y qué es mi familia que me hayas hecho llegar tan lejos? Como si esto fuera poco, SEÑOR y Dios, has hecho promesas a este siervo tuyo en cuanto al futuro. ¡Me has tratado como si fuera yo un hombre muy importante, SEÑOR y Dios!" (1 Crónicas 17:16–17).

Adorar a Dios

La adoración es la respuesta natural de un corazón agradecido. Simplemente se trata de reconocer quién es Dios y lo que Él ha hecho. La adoración es la acción resultante. Algunas personas piensan que la adoración es algo que se realiza en la mañana o en la tarde del domingo. En realidad, no existe otro lugar mejor para expresar este agradecimiento que durante el tiempo devocional. ¿Por qué? Porque el tiempo devocional está dedicado totalmente al Señor. No nos preocupamos por la forma ni tratamos de impresionar a Dios o a otros, solamente se trata de estar uno mismo delante de Dios. Él mira al interior de tu corazón. Ve tu desnudez, tus imperfecciones y, de todas maneras, te acepta. Déjate caer ante el Señor y dale las gracias.

¡Inténtalo!

¿Cómo impacta la adoración tu relación con Dios?

Me siento pequeña, humilde y muy agradecida. Me siento abrumada por tanto amor que Dios me tiene

Describe tu experiencia actual de adoración al realizar tu tiempo devocional.

Siento gozo inefable y que todo lo demás carece de importancia. También siento mucha paz

El significado de la adoración

La palabra adoración en el Antiguo Testamento literalmente significa postrarse en el suelo – mostrar humildad absoluta delante del Creador. La mayoría de las palabras que se refieren a la adoración de Dios se usan para describir condiciones físicas: postrarse sobre el rostro, arrodillarse, estar de pie, dar palmadas, alzar los brazos, danzar, alzar la cabeza o inclinarla.

En el Nuevo Testamento, el significado de la palabra adoración es aun más íntimo. Significa literalmente besar. La adoración según el nuevo pacto es una experiencia muy íntima de sumisión a Dios. Significa acercarse a Dios pues Él anhela tener una relación íntima con nosotros. Es pasar un tiempo íntimo en Su presencia para llegar a conocerlo. Después de esta vida, pasaremos toda la eternidad adorando a Dios. El libro de Apocalipsis tiene muchas descripciones vívidas de lo que haremos en la eternidad. Por ejemplo, Apocalipsis 4:8–11 describe lo que ocurre en el cielo:

"Y día y noche repetían sin cesar: "Santo, santo, santo es el Señor Dios Todopoderoso, el que era, y que es y que ha de venir". Cada vez que estos seres vivientes dan gloria, honra y acción de gracias al que se sienta en el trono y que vive por los siglos de los siglos, los veinticuatro ancianos se postran ante Él y adoran al que vive por los siglos de los siglos. Y rinden sus coronas delante del trono, exclamando: "Digno eres, Señor y Dios nuestro, de recibir la gloria, honra y el poder, porque tú creaste todas las cosas; por tu voluntad existen y fueron creadas"".

Puesto que pasaremos toda la eternidad adorando a Dios, ¿qué podemos hacer en esta vida para ser más apasionados en la adoración?

> ## ¡Inténtalo!
> Verdadero o falso:
> ☐ La adoración es la respuesta natural de un corazón agradecido por la gracia, la misericordia y el amor de Dios.
> ☐ La adoración se puede efectuar cualquier momento y en cualquier lugar.
> ☐ Dios prefiere la adoración los domingos en un edificio.

La adoración en el tiempo devocional

Para adorar durante el tiempo devocional se puede cantar un himno o una canción favorita de alabanza, se puede guardar silencio o leer un salmo. Muchas personas permiten que la alabanza y la adoración fluyan con naturalidad al leer la Biblia y meditar sobre la lectura. Paul Cedar escribe: "A veces me acuerdo de cierta canción o himno de alabanza cuando estoy meditando sobre algunos versículos o cuando leo uno de los salmos como una expresión de alabanza y adoración a Dios. Si no me viene a la mente un canto en particular, adoro cantando en forma secuencial los himnos y canciones de alabanza que acostumbro". [*A Life of Prayer* (Una Vida de Oración), Nashville: Word, 1998, p.191).

> ## ¡Inténtalo!
> Lee Apocalipsis 4:8–12.
> Según estos versículos, ¿cómo describirías lo que ocurre en el cielo?
> _____
> _____
>
> ¿Qué debería motivarnos a adorar continuamente aquí en la tierra a la luz de lo que sucede en la eternidad?
> _____
> _____
> _____

La adoración durante el tiempo devocional es un asunto del corazón. Nunca permitas que la adoración llegue a ser meramente el cumplimiento de un deber. No te ciegues a la grandeza y a la maravilla de Dios por asumir una postura de piedad fingida o por repetir palabras que realmente no vienen del corazón. Llega a la esencia de la adoración. Se trata totalmente de Jesús.

¡Memorízalo!
Salmo 95:6 "Vengan, postrémonos reverentes, doblemos la rodilla ante el Señor nuestro Hacedor".

La confesión

Recuerdo muy bien cuando Dios me reveló que yo albergaba resentimientos hacia un pastor. Dos días antes, este pastor me había ofendido y yo me sentía con derecho a estar enfadado por su acción. Desgraciadamente, no pude percatarme de que el rencor que guardaba en el corazón me había despojado del gozo. Me sentía incómodo y algo deprimido cuando me fui a la cama aquella noche después del incidente, pero no sabía por qué. A la mañana siguiente, me habló Dios claramente y confesé mi pecado de rencor. Después de confesar el rencor y la rebelión, se disipó la pesadez que me agobiaba y sentí una nueva libertad.

¡Inténtalo!
¿Por qué es tan importante hacer que la confesión de pecado sea un hábito periódico?

_____

_____

_____

_____

_____

Nuestra oración constante en el tiempo devocional debe ser como la de David: "Examíname, O Dios, y sondea mi corazón; ponme a prueba y sondea mis pensamientos Fíjate si voy por mal camino, y guíame por el camino eterno" (Salmo 139:23–24). Sólo Dios puede revelar lo engañoso que es el pecado. Nosotros no podemos.

Comunicación sin impedimentos

Muchas iglesias usan los retiros espirituales para ayudar a sus miembros a crecer en santidad y a liberarse de esclavitudes pecaminosas y satánicas. Cuando yo asistí a mi primer "Retiro de Encuentro", Dios obró poderosamente cuando confesé el rencor y los resentimientos que tenía, además de otros pecados. Dios transformó mi vida y experimenté una nueva e increíble libertad.

Sin embargo, al paso de los meses, noté que todavía tenía batallas en algunas de esas áreas. Comprendí que para permanecer libre, tenía que acercarme a Dios diariamente, confesando cualquier pecado que volviese a ocurrir.

Dios me mostró que el tiempo devocional diario es vital para tener la fuerza de caminar en libertad. Los retiros son tremendos. Los usa Dios para hablarnos clara y poderosamente. Pero existe el peligro de vivir en la experiencia del ayer. Necesitamos caminar con Dios diariamente. 1 Juan 1:8–10 dice: "Si afirmamos que no tenemos pecado, nos engañamos a nosotros mismos y no tenemos la verdad. Si confesamos nuestros pecados, Dios, que es fiel y justo, nos los perdonará y nos limpiará de toda maldad. Si afirmamos que no hemos pecado, lo hacemos pasar por mentiroso y su palabra no habita en nosotros".

Manténte limpio

En los tiempos bíblicos todos los caminos eran de tierra. Dado que todos llevaban sandalias, no importaba cuánto intentara una persona mantener limpios los pies, éstos naturalmente se empolvaban y ensuciaban al transitar por los caminos. El lavado de pies no sólo era un rito religioso, era una necesidad práctica.

Aun como cristianos maduros recogemos inconscientemente malos hábitos y malos pensamientos. El mundo, la carne y el diablo acechan en los lugares más inesperados. Apenas puedes mirar la televisión, escuchar la radio, conducir, o escuchar por casualidad una conversación sin oír o ver una conducta impía.

¡Hazlo!

Toma unos minutos para reflexionar y saber si Dios quiere liberarte de algo en tu vida. Sigue estos pasos para ayudarte.

1. Pídele a Dios que te revele situaciones de pecado o aspectos de tu vida a los que te has cegado.

2. Reconoce tu pecado delante de Dios.

3. Confiesa tu pecado.

4. Experimenta la limpieza y la renovación de Dios.

¡Recuérdalo!

De esta lección ¿qué fue lo que más te impactó? _____

_____

_____

_____

_____

_____

_____

_____

_____

Puntos principales

1. En el Antiguo Testamento, la palabra adoración significa postrarse ante Dios; la palabra usada en el Nuevo Testamento como adoración significa literalmente "besar".

2. La adoración en el tiempo devocional es el acto de expresar nuestra alabanza, gratitud y adoración a Aquel a quien amamos.

3. La confesión diaria es la manera de mantener comunicación y compañerismo con Dios.

¡Aplícalo!

1. Busca los pasajes sobre la adoración en el libro de Apocalipsis. Medita sobre los mismos.

2. Lee un salmo en tu tiempo devocional, expresando tu adoración directamente a Dios.

3. Pídele a Dios que te revele áreas de pecado en tu vida. Confiésale a Dios esos pecados.

La oración a Dios

Nunca me olvidaré de la mañana de un lunes en Seúl, Corea. En el mes de abril de 1997 tomé un autobús al Monte de Oración, una loma que previamente había sido un cementerio. Aproximadamente 10,000 personas frecuentan este monte de oración todas las semanas. La Iglesia del Pleno Evangelio de Yoido ha esculpido centenares de cuevas en las laderas de este monte con el propósito de proporcionar lugares para la oración. Era emocionante caminar junto a las cuevas de oración y escuchar los clamores del pueblo de Dios ascendiendo a Su trono. Estos creyentes coreanos me recordaron a Epafras, una persona de quien Pablo dijo: "Este siervo de Cristo Jesús está siempre luchando en oración por ustedes, para que, plenamente convencidos, se mantengan firmes, cumpliendo en todo la voluntad de Dios" (Colosenses 4:12). El verbo luchando en este versículo literalmente quiere decir peleando o esforzándose.

"Necesito luchar más en oración", me dije a mí mismo. Me falta fervor en la oración. Comparándome con los cristianos coreanos, mi vida de oración era mediocre. Salí de Corea inspirado para fortalecer mi vida de oración con más fervor.

Durante el tiempo devocional ora con fervor y fuerza. Persiste en las oraciones por padres inconversos, por un compañero de oficina incrédulo o por hijos rebeldes, sabiendo que Dios está dispuesto a contestar tus oraciones. Cuando ores según Su voluntad, Dios te contestará y crecerás en la confianza para acercarte más a Dios durante el tiempo devocional.

La oración

El diccionario define la oración como un acto de comunión con Dios y como una petición reverente hecha a Dios. La oración es un diálogo íntimo entre el Padre celestial y sus hijos. La petición, aunque importante, es un resultado de nuestra comunión con Él.

Estrictamente hablando, la oración es simplemente comunicación con Dios. La Biblia dice, sin embargo, que la oración eficaz sigue ciertas pautas y requisitos (por ejemplo, orar según Su voluntad, pedir en el nombre de Jesús, etc.).

Para saber cómo orar, debemos estudiar la Palabra de Dios. El estudio de la Palabra de Dios es la primera disciplina del tiempo devocional. En mi propio tiempo devocional me gusta recibir comprensión y fuerza espiritual de la Palabra y adorar antes de la oración. Cuando entiendo la voluntad de Dios a través de la Palabra, me anima para estar en comunión con Dios y orar por otros. Permitir que Dios nos hable primero influirá en lo que queramos decirle a Él — lo que podamos considerar como pertinente e importante.

La disposición de Dios a contestar

Cierto hijo le pidió a su padre el dinero de su herencia para gastarlo en sus propios placeres. Su falta de reflexión hizo que perdiera todo el dinero en vez de gastarlo sabiamente. En un estado de miseria, viviendo entre los cerdos, decidió regresar a su padre y rogarle clemencia. El hijo pensó que su padre lo rechazaría. Pensó mucho sobre qué decir, pero su padre sólo buscaba derramar su amor, cuidado, y bendición sobre él. El padre quería hacer mucho más de lo que su hijo podría pedir o imaginar.

Dios tiene planes para bendecirnos mucho más de lo que podemos imaginar. Mientras dormimos, el Padre celestial está planeando cosas maravillosas que culminarán en una morada celestial que ni siquiera podemos empezar a entender ahora mismo. El Salmista dice que los pensamientos del Padre Celestial hacia nosotros son más numerosos que los granos de arena del mar (Salmo 139:17–18).

¡Inténtalo!

Lee Efesios 3:20.
¿Qué nos dice esto sobre la habilidad de Dios para contestar nuestras peticiones de oración?

_____

_____

_____

_____

¿Qué le estás pidiendo a Dios que Él haga en tu vida en este momento? ¿Crees que Dios te contestará?

_____

_____

_____

_____

_____

_____

Dios nos anima a orar al revelarnos Su intención de contestar. El primer criterio que debemos tener en cuenta para la oración eficaz es el conocimiento de que Dios desea respondernos. Dios no sólo oye nuestras oraciones sino que Él también tiene planes de contestarnos. Y a causa de lo que Jesucristo ha hecho por nosotros, podemos acercarnos al trono de la gracia con confianza, sabiendo que nuestras oraciones serán escuchadas y contestadas según Su plan (Hebreos 4:12).

Jesús nos reveló a lo largo de los evangelios el deseo del Padre de contestar nuestras oraciones:

- Cualquier cosa que ustedes pidan en mi nombre, yo la haré; así será glorificado el Padre en el Hijo. Lo que pidan en mi nombre, yo lo haré (Juan 14:13–14).
- Si permanecen en mí y mis palabras permanecen en ustedes, pidan lo que quieran, y se les concederá (Juan 15:7).
- En aquel día final ya no me pedirán nada. Ciertamente les aseguro que mi Padre les dará todo lo que le pidan en mi nombre. Hasta ahora no han pedido nada en mi nombre. Pidan y recibirán, para que su alegría sea completa (Juan 16:23– 24).
- Jesús dice: "Pues si ustedes, aun siendo malos, saben dar cosas buenas a sus hijos, ¡cuánto más su Padre que está en el cielo dará cosas buenas a los que le pidan!" (Mateo 7:11).

Orar según la voluntad de Dios

La mayoría de los creyentes necesita aumentar su confianza para seguir orando. El apóstol Juan se dirigió precisamente a este grupo de creyentes cuando escribió: "Ésta es la confianza que tenemos en acercarnos a Dios: que si pedimos conforme a su voluntad, él nos oye. Y si sabemos que Dios oye todas nuestras oraciones, podemos estar seguros de que ya tenemos lo que le hemos pedido" (1 Juan 5:14–15). Esto significa que no todas las peticiones son según la voluntad de Dios. Una razón clave por leer y meditar en la Biblia en el tiempo devocional es para asegurarnos que nuestra voluntad coincida con la Suya. A veces le decimos: "que se haga Tu voluntad". O pudiera ser que nos está guiando a orar fervientemente con un enfoque en particular. Cuando creemos que estamos orando acordes con la voluntad de Dios, desaparece la duda.

¡Inténtalo!

Lee Mateo 6:10.

¿Qué debe guiar nuestras oraciones según este versículo?

_____

_____

¿Cómo sabes si estás orando según la voluntad de Dios?

_____

_____

_____

_____

_____

_____

_____

Orar según la voluntad de Dios es el único remedio que existe para eliminar la duda. Cuando sabes que estás orando según la voluntad de Dios te sentirás motivado para seguir, sabiendo que Dios concederá tu petición.

Para determinar la voluntad de Dios, el primer lugar adonde debes acudir es la Biblia. Aquí es donde se destaca el valor del tiempo devocional. La disciplina de estudiar y meditar en la Palabra de Dios fomenta confianza en los creyentes cuando se sienten agobiados. Podemos estar seguros de que Dios quiere lo que Su Palabra ya ha declarado.

Pasar tiempo en la presencia de Dios te ayudará a discernir la guía específica de Dios. Mientras estudias la Palabra, meditas en Sus promesas, adoras en Su presencia y escuchas Su voz, te mostrará Dios el plan específico que tiene para tu vida.

¡Inténtalo!

Lee Mateo 7:21.
¿Crees que Dios tiene un plan especialmente para ti?

_____

_____

Básicamente, ¿cómo determinas la voluntad de Dios para tu vida?

_____

_____

_____

_____

_____

La intercesión

Aunque Dios desea responder a nuestras oraciones, cuenta con que persistamos en ellas. La oración de intercesión es una petición ferviente a Dios a favor de otros. Al contrario del juez malo de Lucas 18, nuestro juez celestial es nuestro Padre celestial. Él nos ama y cuida de nosotros. Él quiere que le llevemos nuestras peticiones y nos promete responder rápidamente. Lucas dice esto sobre nuestro Padre Celestial: "¿Acaso Dios no hará justicia a sus escogidos, que claman a él día y noche? ¿Se tardará mucho en responderles? Les digo que sí les hará justicia, y sin demora" (Lucas 18:7–8).

¡Hazlo!

Piensa en un buen amigo tuyo que necesita a Jesús. Empieza a orar cada día por la salvación de esa persona, con la confianza de que el Espíritu Santo trabajará en la vida de tu amigo

Nuestra edificación y la satisfacción de nuestras necesidades no son los únicos propósitos de la oración durante el tiempo devocional. Dios quiere que entremos en el campo de batalla para orar fervorosamente por otros. Simplemente toma en cuenta que la intercesión es un trabajo arduo y requiere persistencia. En el tiempo devocional probablemente orarás por ciertas personas diariamente como, por ejemplo, tus padres, hermanos, parientes o compañeros de trabajo que son creyentes. También existen ciertas cosas por las que podrías orar semanalmente. Sería útil hacer una lista de oración y tenerla presente para orar cada día de la semana. De este modo puedes documentar las respuestas a medida que Dios conteste dichas oraciones. Las Escrituras dan muchos ejemplos de intercesión:

- Job intercedió por sus compañeros y el Señor le prosperó otra vez (Job 42:10).
- Abraham intercedió por su sobrino Lot que estaba viviendo en Sodoma. Le pidió a Dios que salvara a su sobrino y que fuera misericordioso con él (Génesis 18:16–33).
- Moisés intercedió por los israelítas cuando se enfrentaban al juicio de Dios. Moisés suplicó que Dios actuara con misericordia en lugar de juicio (Éxodo 32:9–14).
- Samuel reconoció su deber de orar por el pueblo de Dios. Incluso consideró que era un pecado no hacerlo. Él dijo: "En cuanto a mí, que el Señor me libre de pecar contra Él dejando de orar por ustedes" (1 Samuel 12:23).
- Jesucristo intercedió por sus discípulos: "Ruego por ellos. No ruego por el mundo, sino por los que me has dado, porque son tuyos. … Padre santo, protégelos con el poder de tu nombre, el nombre que me diste, para que sean uno, lo mismo que nosotros" (Juan 17:9,11).

¡Inténtalo!

Haz una lista de los nombres de personas que necesitan periódicamente de tus oraciones intercesoras.

_____

_____

_____

_____

_____

Empieza a orar por estas personas durante el tiempo devocional.

No te rindas

Tus oraciones pueden hacer –y seguramente harán-- una diferencia. Jesús dijo en la oración conocida como El Padre Nuestro: "Hágase tu voluntad en la tierra como en el cielo" (Mateo 6:10). Pedir que se haga la voluntad de Dios es lo fundamental de la oración intercesora. Ora que se cumpla la voluntad de Dios en la tierra del mismo modo como se cumple en el cielo.

Jorge Mueller oró durante toda su vida para que cinco amigos suyos conocieran a Jesucristo. El primero de ellos se entregó a Cristo después de cinco años de haber empezado a orar. Dentro de diez años, otros dos recibieron a Cristo. Mueller siguió orando constantemente durante más de veinticinco años y finalmente el cuarto hombre fue salvo. Mueller persistió en la oración hasta el día en que murió, y también su último amigo se entregó a Cristo unos meses después de que Mueller falleciera. Por este último amigo, Mueller oró durante casi cincuenta y dos años.

¡Memorízalo!
Colosenses 4:2 dice: "Dedíquense a la oración;
perseveren en ella con agradecimiento".

¡Recuérdalo!

De esta lección, ¿qué quieres compartir con una persona cercana a ti?

_____

_____

_____

_____

_____

_____

_____

_____

_____

Puntos principales

1. Dios obra a través de la oración para transformarnos, para que podamos orar según Su voluntad.
2. Podemos orar con confianza cuando sabemos que estamos orando de acuerdo a la voluntad de Dios.
3. Interceder es orar a Dios en favor de alguien más.

¡Aplícalo!

1. Encuentra un pasaje en la Biblia que específicamente te sirva de apoyo para una petición de oración. Esto te ayudará a orar con más fervor y confianza, sabiendo que estás orando de acuerdo a la voluntad de Dios.
2. Mientras que oras para que Dios obre en tu vida (por ejemplo, librándote de resentimientos, teniendo más gozo, etc.) documenta los cambios en una agenda.
3. Haz una lista de los nombres de personas por las que quieres interceder.

Crece en poder espiritual

J onathan Edwards (1703–1758), un predicador famoso de la región de Nueva Inglaterra, EE.UU., jugó un papel fundamental durante el avivamiento espiritual llamado el Segundo Gran Despertar. Antes de que predicara uno de sus sermones famosos que ayudaron a lanzar el avivamiento, ayunó y oró durante tres días, repitiendo una y otra vez: "¡Dame Nueva Inglaterra! ¡Dame Nueva Inglaterra!". Cuando se levantó de estar arrodillado y se dirigió al púlpito, se comentó que su apariencia era de alguien que ha visto a Dios cara a cara. Antes de que empezara a hablar, la convicción del Espíritu Santo cayó sobre el auditorio.

¿Qué es lo que le permite a una persona crecer en poder y autoridad espiritual? Una manera para acercarnos a Dios es el ayuno. El ayuno y el tiempo devocional no necesariamente se vinculan. No vas a ayunar cada vez que tengas un tiempo devocional. No obstante, porque la meta del tiempo devocional es conocer a Dios y el propósito principal del ayuno es reforzar la sensibilidad espiritual hacia Dios, en ocasiones querrás reforzar el tiempo devocional con la disciplina del ayuno.

El Ayuno

Una de las motivaciones clave para ayunar (la abstención de todos o ciertos tipos de comida) es que la auto-negación nos acerca a Dios. El ayuno nos permite concentrarnos en Dios, orar más fervorosamente y superar las ataduras personales. El ayuno nos ayuda a oír la voz de Dios porque nos volvemos más sensibles a Él. Quita las telarañas de la mente y nos ayuda a ver con los ojos espirituales.

En la Escritura vemos varios propósitos del ayuno: la disciplina del autodominio, la dependencia exclusiva en Dios, y el enfocarnos en Dios para buscar Su dirección y ayuda.

¡Inténtalo!

Reflexiona sobre las razones bíblicas para el ayuno:

- Recibir la iluminación y sabiduría de Dios (Daniel 9:2, 3, 21, 22; 10:1–14).
- Vencer el pecado (Isaías 58:6).
- Declarar que Dios es la prioridad en nuestras vidas (Mateo 4:4).
- Aumentar la santidad personal (Salmo 69:10).
- Obtener la victoria sobre Satanás (Marcos 9:29).

¿En qué otros ejemplos puedes pensar?

_____

_____

_____

Dicho de una manera sencilla, el ayuno es la abstención total o parcial de ciertos alimentos con el propósito de concentrarnos en Dios. El ayuno es una manera de enfocarse sólo en Dios en busca de Su dirección y ayuda. El ayuno muestra tu sinceridad. El ayuno ayuda a los creyentes a ser más sensibles a la presencia de Dios y a oír Su voz claramente.

Una razón para ayunar es poder interceder por otra persona ante Dios. Cuando Amán influyó en el rey Jerjes para que firmara y promulgara un decreto que autorizara la destrucción los judíos en el país, Mardoqueo le pidió a Ester que intercediera a favor de los judíos. Ester contestó a Mardoqueo:

> "Ve, reúne a todos los judíos que están en Susa, para que ayunen por mí. Durante tres días no coman ni beban, ni de día ni de noche. Yo, por mi parte, ayunaré con mis doncellas al igual que ustedes. Cuando cumpla con esto, me presentaré ante el rey, por más que vaya contra de la ley. ¡Y si perezco, que perezca!" (Ester 4:16).

Sabemos que Dios oyó el clamor de Ester y de los judíos. Él respondido de una manera milagrosa.

Otro gran beneficio que se recibe del ayuno es poder percibir la dirección de Dios. A veces ayunamos porque necesitamos que Él nos guíe. Los apóstoles esperaron ante el Señor en oración y ayunaron hasta que el Espíritu Santo dijo: "Apártenme ahora a Bernabé y a Saulo para el trabajo al que los he llamado" (Hechos 13:2). Cuando ayunamos y oramos nos volvemos más sensibles a la dirección de Dios.

¡Inténtalo!

Lee Hechos 14:23.
¿Cómo nombraron Pablo y Bernabé a los ancianos?

_____

_____

_____

¿Cómo aumenta el ayuno la efectividad de la oración?

_____

_____

_____

_____

_____

_____

_____

> **¡Hazlo!**
> Abstente de dos comidas (por ej., el desayuno y el almuerzo) y pasa tiempo adicional en oración y adoración.

Los conceptos básicos del ayuno

Existen varios tipos de ayuno, pero el más común es la abstención de alimentos, sin privarse de líquidos, por un tiempo fijo. Comunmente se consume agua pero algunas personas beben café, té y jugos de frutas. A continuación se da una lista más completa de los ayunos mencionados en la Biblia:

Ayuno Completo	Ayuno Normal	Ayuno Parcial	Ayuno en un grupo
• Abstenerse de comer sólidos y beber líquidos. • Ejemplo de Moisés (Deut.9:9; Ex.24:28) • Otros ejemplos: Ester 4:16; Hechos 9:9	• Abstenerse de toda comida y bebida con la excepción de agua. • Ejemplo de Jesús en el desierto (Mat.4:4)	• Dieta restringida en vez de una abstinencia total de alimentos. • Ejemplo del ayuno parcial de Daniel (Daniel 9:3; 10:3)	• Ayuno en grupo. • Ejemplos: Joel 1:14; 2:15

Al ayunar debemos cuidar la apariencia. Jesús habló sobre esto cuando dijo: "Cuando ayunen, no pongan cara triste como hacen los hipócritas, que demudan su rostro para mostrar que están ayunando. Les aseguro que estos ya han obtenido toda su recompensa. Pero tú, cuando ayunes, perfúmate la cabeza y lávate la cara, para que no sea evidente que estás ayunando, sino sólo ante tu Padre, que está en lo secreto; y tu Padre, que ve lo que se hace en secreto, te recompensará" (Mateo 6:16–18).

La llenura del Espíritu

En las décadas de 1980 y 90, muchas personas usaban casetes para grabar mensajes. Yo usaba mucho mi grabadora. Ya que las pilas eran caras, compré unas recargables para poder reusarlas.

Siempre sabía cuando tenía que recargarlas. Disminuía la velocidad y la voz se volvía irreconocible. Después de recargar las pilas las voces en la cinta volvían a la normalidad. Ocurre algo similar en la vida. Nos agotamos y necesitamos una recarga diaria con la llenura del Espíritu. Esta recarga ocurre en el tiempo devocional. Después de ser llenos del Espíritu podemos oír la voz de Dios y recibir Su dirección con claridad. Sin esta llenura diaria es muy difícil oír Su voz y recibir Su dirección.

Refrescado con el agua viva

Jesús dijo: "¡Si alguno tiene sed, que venga a mí y beba! De aquel que cree en mí, como dice la Escritura, brotarán ríos de agua viva. Con esto se refería al Espíritu que habrían de recibir más tarde los que creyeran en él" (Juan 7:37–39).

¡Inténtalo!

Vuelve a leer Juan 7:37–39.
¿Quiénes pueden recibir esta agua viva?

_____

_____

_____

_____

_____

El tiempo ideal para recibir esta agua viva es durante nuestro tiempo devocional diario. Durante este tiempo podemos entrar en comunión con nuestro Padre celestial, confesando los pecados y escuchando Su voz. Es también un tiempo muy apropiado para pedirle a Jesús que nos llene de Su Espíritu Santo. Con una invitación tan clara de Jesucristo, no hay ninguna razón para estar sedientos en la vida cristiana. Si venimos diariamente a Él, pidiéndole que nos llene del Espíritu Santo, se satisfacerá nuestra alma y estaremos equipados para enfrentar el desierto que nos rodea.

Dios nos pide que tomemos dos pasos sencillos para ser llenados del Espíritu. Primero, debemos confesar todo pecado conocido. David dice: "Si en mi corazón hubiera yo abrigado maldad, el Señor no me habría escuchado" (Salmo 66:18). Y como segundo paso, pídele al Espíritu Santo que te llene. Jesús dice: "Pidan y se les dará; busquen y encontrarán; llamen y se les abrirá" (Mateo 7:7).

Un llenado incesante

Pablo nos dice en Efesios 5:18: "No se emborrachen con vino que lleva al desenfreno [conducta inmoral]. Al contrario, sean llenos del Espíritu". En el griego original, la frase «sean llenos» como se encuentra aquí es un verbo en el tiempo presente. Cuando Pablo escribió esta frase, pudo haber usado el tiempo pasado o el futuro para significar la llenura de una vez por todas; pero escogió el tiempo presente para denotar que la llenura del Espíritu Santo no ocurre sólo una vez sino que se trata de una experiencia continua.

¡Memorízalo!
Lucas 11:13 "Pues si ustedes, aun siendo malos, saben dar cosas buenas a sus hijos, ¡cuánto más el Padre celestial dará el Espíritu Santo a quienes se lo pidan!"

Todo tiene que ver con el control

Pablo compara la llenura del Espíritu con la embriaguez. La comparación entre el alcohol y el Espíritu de Dios tiene que ver totalmente con el control. Muchas personas beben alcohol porque las desinhibe y se sienten como si estuvieran en un estado de felicidad y éxtasis. Piensan que el alcohol les permite expresarse más fácilmente y hace que las relaciones sean más relajadas.

El Espíritu Santo también ejerce control. La diferencia entre los dos no tiene que ver con el efecto, más bien consiste en la naturaleza de cada uno. El alcohol es una sustancia algo inerte; pero el Espíritu Santo es una persona. El Espíritu Santo es Dios, la tercera persona de la Trinidad; y como tal, quiere ejercer control sobre nosotros, si se lo permitimos. El control del alcohol nos debilita, pero el control del Espíritu nos fortalece.

El tiempo devocional proporciona el entorno correcto para que el Espíritu Santo controle nuestras vidas. Cuando buscamos Su rostro, preparamos el corazón y le pedimos que Dios tome el control, Él nos responderá.

D. L. Moody, el predicador famoso del siglo XIX, tenía programada una campaña evangelística en una ciudad. En una reunión de pastores se levantó un joven y preguntó: "¿Por qué debemos tener a D. L. Moody? Acaso tiene monopolizado al Espíritu Santo?" Después de una pausa sin que nadie le respondiera, se puso de pie un pastor piadoso y le contestó: "Joven, el Sr. Moody no tiene el monopolio del Espíritu Santo, pero nosotros reconocemos que el Espíritu Santo le monopoliza a él".

Dios está buscando a hombres y mujeres que desean, por sobre todo, ser controlados por el Espíritu Santo. Así como con Moody, el Espíritu Santo quiere tener el monopolio sobre ti.

¡Recuérdalo!

¿Qué verdad de esta lección te impactó más? _____

_____

_____

_____

_____

_____

_____

_____

Puntos principales

1. Lo fundamental del ayuno es abstenerse de alimentos para ser más sensibles a Dios y a Su dirección.
2. Dios quiere refrescarnos con Su agua viva durante nuestro tiempo devocional.

¡Aplícalo!

1. Abstente de una comida
2. Dale un repaso al libro de Apocalipsis anotando todos los versículos relacionados con ángeles, personas o criaturas que realizan la función de adorar en el cielo. Medita sobre esto.
3. Lee un salmo durante el tiempo devocional, expresando tu adoración directamente a Dios.

Descansando y reflexionando

La película "Carros de Fuego" cuenta la historia de dos atletas británicos, Harold Abrahams y Eric Liddell, que ganaron las medallas de oro en las carreras de los 100 y 400 metros planos. Liddell que se negó a correr los domingos fue obligado a retirarse de la carrera de los 100 metros planos, que era su especialidad. En cambio, entró en los 400 metros y ganó. Estoy de acuerdo que el domingo es un día importante de reconocimiento para los cristianos por la resurrección de Cristo, pero también comprendo que es el día cuando la mayoría de los pastores trabajan más y descansan muy poco. Estoy convencido de que más importante que honrar un día particular de la semana es la necesidad de tener un día completo de reposo para descansar y enfocarse en Dios. Tomar un día completo de descanso combinado con un tiempo devocional diario te ayudará a crecer espiritualmente y te mantendrá revitalizado por el resto de la semana.

Tomando un descanso sabático de 24 horas

Dios nos dice que Él hizo el sábado (día de descanso) para nosotros. Dios dio este principio a su pueblo. Génesis 2:2 dice: "Al llegar el séptimo día, Dios descansó porque había terminado la obra que había emprendido. Dios bendijo el séptimo día y lo santificó, porque en ese día descansó de toda su obra creadora". Aunque no estamos bajo la ley del Antiguo Testamento que nos exige que descansemos el séptimo día o sea, el sábado, este principio de tener un descanso de 24 horas todavía está vigente en la actualidad.

Dios quiere que descansemos una vez a la semana durante 24 horas para nuestra propia salud y bienestar. Él sabe que es para nuestro propio bien. Nuestros cuerpos sólo pueden ocuparse de una cierta cantidad de trabajo. Al tomarnos un día, nos ayuda a concentrarnos en lo que Dios ha hecho y nos ayuda a renovar la mente para enfocarnos en Él.

¡Inténtalo!

¿Cuál es el mayor obstáculo que se te presenta para no tomarte un día libre de 24 horas cada semana?

_____

_____

_____

_____

_____

_____

El hecho de tomarte un día completo para descansar dará equilibrio a tu vida y a todo lo que haces. Te encontrarás reanimado para enfrentarte a los desafíos de la vida durante toda la semana. Dios ha hecho el cuerpo para que trabaje duro durante seis días a la semana. Leemos en Génesis que en el séptimo día Dios terminó de hacer Su trabajo; así que en el séptimo día Él descansó de todas sus labores. Y Dios bendijo el séptimo día y lo santificó, porque en él descansó de todo el trabajo de la creación que había hecho.

Estoy convencido del principio de tomar un día libre a la semana. ¡No importa cual día te tomas libre, ¡simplemente hazlo! Funciona para mí y mi familia que mi día de descanso sea el sábado. En el pasado, el viernes sirvió muy bien. La clave es descubrir qué funciona mejor para ti.

¡Inténtalo!

Lee Levítico 23:32. ¿Qué cosas debe hacer el pueblo de Dios durante el día de descanso?

_____

_____

_____

¿Qué tendencias tienes de ser un adicto al trabajo?

_____

_____

_____

_____

_____

_____

_____

_____

Durante mi día libre, me enfoco sólo en hacer aquellas cosas que me traen descanso y relajación. Por ejemplo, no consulto el correo electrónico, porque podría leer de noticias urgentes que me traerían preocupación en vez de sosiego. Evito cualquier trabajo personal tipo «Joel Comiskey» aunque alegremente cumplo con responsabilidades familiares normales durante ese tiempo (por ejemplo, tirar la basura, lavar los platos, etc.). No seas legalista. No te condenes cuando tienes que realizar ciertos quehaceres ese día como lavar la loza, arreglar un caño roto del baño, etc.

En ese día, juntos como familia hacemos algo especial (por ejemplo, ir a algún lugar, mirar un video, etc.). Salimos a comer, así mi esposa no tiene que preparar una comida. Nos acostamos temprano y nos despertamos tarde. Trato de evitar bebidas con cafeína en ese día, para que pueda descansar plenamente. La clave es el descanso.

Me he dado cuenta que me desempeño mejor en el trabajo inmediatamente después del día de reposo. Siento refrescados la mente y el cuerpo. Tomarme un día de descanso también me ayuda a trabajar con ahínco durante toda la semana sabiendo que en mi día de reposo podré descansar a fondo. Puedo sentir cómo el cuerpo me pide el descanso y lo anticipa cuando llega el día.

¡Hazlo!

Toma un descanso de 24 horas completas cada semana. Haz que sea un hábito para el resto de tu vida.

Encontrando el ritmo

Trata de tomar consistentemente el mismo día cada semana para tu descanso. Esto te ayudará a establecer un ritmo de siete días. De este modo, el cuerpo y el alma pueden formar el hábito de cesar de trabajar en ese día. Encontrarás que te aplicarás más al trabajo durante la semana, sabiendo que pronto tendrás un día para descansar.

Como mencioné antes, cesa de hacer todo lo que sea trabajo durante 24 horas. El punto principal es que hagas actividades que permiten el descanso. Cada persona tendrá un criterio diferente para las actividades que conducen al descanso.

Determina qué es descanso para ti e igualmente qué es lo que consideras trabajo. Rehusa, durante ese día, preocuparte por aquello que te causa estrés en la vida. Medita en la bondad de Dios y en Su amor. Yo determino que NO voy a preocuparme por nada durante ese período de 24 horas. Si tengo que tomar una decisión importante o tengo una preocupación, opto por no seguir pensando en ello durante este tiempo. Escojo los versículos de Filipenses 4:6–8 como mi lema durante el día: "No se inquieten por nada; más bien, en toda ocasión, con oración y ruego, presenten sus peticiones a Dios, y denle gracias. Y la paz de Dios que transciende todo entendimiento, cuidará sus corazones y sus mentes en Cristo Jesús. Por último, hermanos, consideren bien todo lo verdadero, todo lo respetable, todo lo justo, todo lo puro, todo lo amable, todo lo digno de admiración, en fin, todo lo que sea excelente o que merezca elogio".

Asegúrate de incluir a Dios en tu agenda. Salir con la familia o realizar juntos alguna actividad de ocio es una buena idea. Sólo asegúrate de que Dios juegue un papel importante en la agenda del día libre (por ejemplo, no dejes a un lado las devociones personales y el tiempo con la familia).

¡Inténtalo!

Lee Mateo 11: 28–30.

Según estos versículos, ¿cuál es el deseo de Dios para Sus hijos?

_____

_____

_____

¿Tienes un estilo de vida pesado o ligero? ¿Cómo te ayudaría tener un día libre?

_____

_____

_____

_____

_____

_____

> **¡Memorízalo!**
> **Hebreos 4:13 "Ninguna cosa creada escapa a la vista de Dios. Todo está al descubierto y expuesto a los ojos de aquel a quien hemos de rendir cuentas".**

Manteniendo un diario

Mantener un diario significa escribir nuestros pensamientos, las cosas que Dios nos ilumina con Su palabra, aplicaciones de las verdades bíblicas, anotaciones de algo que sea digno de alabanza, relatos de luchas o cualquier otro asunto que consideramos importante de anotar. Encuentro que la práctica de mantener un diario es una forma excelente de descansar y aliviar la ansiedad. El proceso de mantener un diario es terapéutico y da descanso. A continuación comparto unas notas de uno de mis diarios con fecha 8 de febrero de 1997:

"Qué lucha hoy. El tiempo devocional iba muy bien y realmente estaba buscando a Jesús, cuando de repente sonó el teléfono. _____ estaba al teléfono, y sólo quería hablar…. Cincuenta minutos más tarde, sintiéndome angustiado y frustrado, colgué el teléfono. Tuve la sensación de que no me estaba escuchando, me pareció como que ni siquiera tuvimos una conversación y, todavía peor, intenté usar el tiempo para exhortarle a tratar mejor a _____ y él parecía resistir mis esfuerzos".

Este es un registro nada especial en mi diario, pero muestra cómo un diario puede ser una gran herramienta para desenredar los pensamientos y expresar los temores y las frustraciones a Dios.

Durante mi tiempo devocional, a menudo, abro mi diario y miro las páginas escritas. Mientras leo recuerdo las situaciones pasadas, los conflictos, las victorias y los anhelos. A veces pienso: "Que rápido se pasa el tiempo. Estoy muy agradecido por la obra de Dios en mi vida. Nunca me ha fallado".

Pronto tu diario se convertirá en un refugio para ti. Escribirás durante tiempos de dolor, de dificultad, de confusión o de alegría.

Después de que pase un tiempo, este registro escrito llegará a ser una fuente de estímulo al verificar las promesas de Dios o ver cómo finalmente cesan las luchas. Te deleitarás al mirar hacia atrás y encontrar lo que Dios ha logrado en tu vida.

Escribo en mi diario por una serie de razones: ideas brillantes, victorias, derrotas, lecciones aprendidas, para citar algunas. La única regla que tengo es que escribo cuando siento la necesidad de hacerlo. No tengo ninguna otra norma. No trato de escribir mucho o poco, solo cuando siento la necesidad. A lo largo de los años he descubierto que tiendo a escribir en mi diario cuando estoy atravesando por una prueba intensa o por un período de confusión sobre la voluntad de Dios en mi propia vida.

¡Inténtalo!

¿Tienes un diario? ¿Por qué sí o por qué no?

_____

_____

_____

_____

_____

_____

_____

_____

Razones para tener un diario

Una de las razones para tener un diario es encontrar consuelo en tiempos de prueba. Cuando todo es positivo y normal no siento la necesidad de escribir. Cuando estoy en conflicto o en derrota, o cuando me siento abatido es cuando mi diario me ofrece consuelo.

Otra razón es para aclarar nuestros propios pensamientos. Anotar nuestros pensamientos nos ayuda a ver las cosas desde más de una perspectiva. Impresiones vagas o pensamientos inciertos empiezan a desenredarse cuando los escribimos. En algunos casos, nos damos cuenta de que tenemos conocimientos que ignorábamos.

Finalmente, escribir un diario nos ayuda a reflexionar sobre lo que Dios ha hecho en la vida de cada uno. Es maravilloso mirar hacia atrás y ver cómo Dios ha provisto y ha guiado nuestras vidas. Mirando hacia atrás y viendo la fidelidad de Dios nos da más confianza para enfrentar el futuro.

¡Inténtalo!
Ocasiones para leer tu diario
- Al azar durante el tiempo devocional
- Aproximadamente cada siete días
- Anualmente al meditar sobre lo que Dios ha hecho durante el año

¿Qué ocasiones crees que son las mejores para revisar tu diario? ¿Por qué?

_____

_____

_____

_____

_____

_____

_____

Pautas para escribir en tu diario

Mantén el diario en secreto y privacidad. No se escribe con la misma intensidad a menos que se escriba con la intención de que sea exclusivamente personal y privado. El diario queda entre Dios y tú. Él ve lo que has escrito: tus heridas, tus temores, tus lágrimas y tus gemidos. El ejercicio de escribir ahonda tu transparencia ante el Omnipotente. Dirige tus pensamientos a Dios. El diario se debe escribir para Dios. Esto no significa que tienes que usar el nombre de Dios en cada página; simplemente recuerda que estás registrando tus pensamientos, sentimientos, miedos, esperanzas, peticiones de oración y las respuestas de Dios.

Simplemente hazlo. Alguien ha dicho que una jornada de mil kilómetros empieza con un primer paso. Empieza a escribir un diario ahora y haz las mejoras a medida que pasa el tiempo. Cuando leas el diario en el futuro, te regocijarás en lo que Dios ha hecho en tu vida. Podrás reflexionar en Su continua fidelidad y gracia.

El tema de escribir un diario (junto con otros temas) se cubre con más detalle en mi libro *Una cita con el Rey*. Puedes adquirir este libro en el sitio de Internet www.joelcomiskeygroup.com o marcando el número telefónico 1-888-344-CELL en EE.UU o www.creedrecursos. es (en España).

¡Recuérdalo!

¿Qué se destacó para ti en esta lección? _____

_____

_____

_____

_____

_____

_____

_____

_____

Puntos principales

1. Un día de descanso semanal no debe ser una obligación legalista; se trata de algo que nos da libertad.

2. El propósito del día de descanso es libertad: descanso, mejores relaciones y madurez.

3. A escribir tus pensamientos los esclareces.

4. El propósito de mantener un diario es registrar y expresar tus pensamientos a Dios y después reflexionar sobre lo que Dios ha hecho en tu vida.

¡Aplícalo!

1. Empieza la próxima semana y fija un día dedicado al descanso. Determina de antemano lo que harás en ese día con el Señor.

2. Cuando Dios te hable durante la semana, escribe esas impresiones en un diario. Dirige tus pensamientos a Dios.

3. Repasa el diario al final de la semana.

Cómo asesorar a otros usando este material

Muchas iglesias estudian este material en grupos. Esta es la manera normal de usar el material, pero no es la única. Si tú escoges enseñar a un grupo, podemos proporcionarte, en un CD, bosquejos y PowerPoints de los cinco libros de capacitación. Compra este CD en www.joelcomiskeygroup.com o llamando al 1888-344-CÉLL (en EE.UU.) o www.creedrecursos.es (en España).

Otra manera de entrenar a alguien es pedir que la persona complete cada lección individualmente y, entonces, pedir a un cristiano maduro del mismo sexo que lo asesore. El/a asesor/a hará que el/a «aprendiz» se responsabilice por completar la lección y comparta lo que está aprendiendo.

Creo que es útil tener varios métodos para enseñar este material. El hecho es que no todos pueden asistir a las reuniones de entrenamiento en grupo. Pero no por eso se tiene que dejar de dar el entrenamiento a la persona que lo necesite. El asesoramiento es una buena opción.

Asesora al aprendiz mediante el uso del material

De preferencia, el asesor se reunirá con el aprendiz después de cada lección. A veces, sin embargo, el aprendiz completará más de una lección y el asesor combinará esas lecciones cuando se reúnan.

El asesor es una persona que ya conoce el material y ha ayudado a otras personas en el proceso de entrenarse. Además, un asesor debe tener:

- una relación íntima con Jesús,
- buena voluntad y un espíritu dispuesto a ayudar. El asesor no necesita ser un «maestro». El libro mismo es el maestro — el asesor simplemente hace que el aprendiz le rinda cuentas haciéndole preguntas y estimulándole a la oración.

Yo recomiendo mi libro, *Cómo ser un Excelente Asesor de Grupos Celulares*, para entender más acerca del proceso del asesoramiento (este libro también puede adquirirse en www.joelcomiskeygroup.com o llamando al número 1-888-344 CELL, en EE.UU. o www.creedrecursos.es en España). Los principios en *Cómo ser un Excelente Asesor de Grupos Celulares* no sólo se aplican al asesoramiento de los líderes celulares sino también sirven para asesorar a un aprendiz.

Yo recomiendo los siguientes principios. El asesor debe estar dispuesto a:

- Recibir de Dios. El asesor debe recibir la iluminación de Jesús a través de la oración para que tenga algo que compartir con el aprendiz.
- Escuchar a la persona. El trabajo del asesor es escuchar lo que el aprendiz ha respondido en la lección. El asesor también debe escuchar las alegrías, luchas y motivos de oración del aprendiz.
- Animar y alentar al aprendiz. Lo mejor que el asesor pueda hacer, a menudo, es señalar las áreas positivas del aprendiz. Yo insisto que los asesores sean muy positivos e infundan aliento. Todos estamos muy conscientes de nuestros fracasos y a veces los tenemos muy presentes. El ánimo ayudará al aprendiz a seguir adelante y anticipar con gusto cada lección. Intenta empezar cada lección señalando algo positivo sobre la persona del aprendiz y sobre lo que él o ella está haciendo.
- Cuidar a la persona. Las personas que asesoras pueden estar luchando con algo por encima y más allá de la lección. El material puede evocar un área problemática. Los buenos asesores estarán dispuestos a tocar esas áreas profundas de necesidad por medio de la oración y el consejo. Y es completamente aceptable que el asesor simplemente diga: «No tengo una respuesta ahora mismo para tu dilema, pero conozco a alguien que la tiene». El asesor puede consultar con su propio asesor para tener una respuesta y luego llevarla a la sesión de la semana siguiente.
- Desarrollar/entrenar a la persona. Se espera que la persona haya leído ya la lección. La meta del asesor es facilitar el proceso de aprendizaje haciendo preguntas específicas sobre la lección.
- Trazar una estrategia con el aprendiz. El trabajo del asesor es

que el aprendiz sea responsable de completar la siguiente lección y/o terminar la actual. El papel principal del asesor es ayudar al aprendiz a mantener el ritmo de estudio y conseguir que saque el mayor provecho posible al material.

• Desafiar a la persona. Algunos piensan que cuidar es bueno pero confrontar es malo. Debemos combinar las acciones de cuidar y confrontar porque eso es lo que la Biblia promueve. Si realmente nos importa la persona, la confrontaremos. El Espíritu podría mostrarte áreas en la vida del aprendiz que necesitan colocarse bajo el Señorío de Cristo. El mejor enfoque es pedir permiso. Podría decir: «Tomás, ¿me permites hablarte sobre algo que he notado?». Si la persona te da permiso, entonces podrás decirle lo que el Señor puso en tu corazón.

Primera sesión

Creemos que cuando el asesor se encuentra con el aprendiz, el Espíritu Santo guia la sesión. La creatividad y flexibilidad deben reinar. Recomiendo, sin embargo, los siguientes principios:

• Conoce a la persona. Una buena manera de empezar es mediante las Preguntas Cuáqueras. Estas ayudarán a que se conozcan el uno al otro. Después de la primera semana, el asesor puede comenzar con oración y simplemente puede preguntar sobre la vida del aprendiz (por ej., familia, trabajo, estudios, crecimiento espiritual, etc.).

Preguntas Cuáqueras
1. ¿Dónde viviste entre los 7 y los 12 años?
2. ¿Cuántos hermanos y hermanas tenías?
3. ¿Qué forma de transporte usaba tu familia?
4. ¿Con quién te sentías más íntimamente vinculado durante esos años?

• Sé transparente. Como tú ya has completado este material, comparte tus experiencias con el aprendiz. La transparencia logra mucho. Los grandes asesores comparten tanto victorias como derrotas que han tenido en la vida.

"Preguntas de Asesoramiento" para usar todas las semanas

Un buen asesor hace muchas preguntas y escucha muy atentamente. La meta es indagar cómo el aprendiz puede aplicar el material a su vida diaria. Las preguntas clave para levantar en cada oportunidad son:

1. ¿Qué te gustó más de la(s) lección(es)?
2. ¿Qué te gustó menos de la(s) lección(es)?
3. ¿Qué te fue difícil entender?
4. ¿Qué aprendiste sobre Dios que no sabías antes?
5. ¿Qué necesitas hacer ahora con esa nueva información?

El asesor no tiene que hacer cada una de las preguntas anteriores, pero es bueno tener un patrón, así el aprendiz sabe qué esperar cada semana.

El modelo a seguir cada semana

1. Prepárate espiritualmente antes del comienzo de la sesión.
2. Lee la lección de antemano, recordando los pensamientos y las preguntas que tuviste cuando estudiaste el material.
3. Comienza la sesión con oración.
4. Haz las preguntas de asesoramiento.
5. Confía en que el Espíritu Santo moldeará y formará al aprendiz.
6. Termina con oración.

Índice

U

Una cita con el Rey, 81

V

Verdadero o falso, 15, 38, 42, 50
vida cristiana, 5, 13, 70
voluntad de Dios, 32, 41, 55, 56,
     58, 59, 60, 62, 63, 79
voz, 5, 10, 38, 42, 43, 44, 45, 60,
     65, 66, 69, 70

W

Wagner, Peter, 24
www.biblegateway.com, 40
www.creedrecursos.es, 8, 81, 83, 84
www.joelcomiskeygroup.com, 1, 2,
     8, 81, 83, 84

CPSIA information can be obtained at www.ICGtesting.com
Printed in the USA
BVOW04s0929060614

355612BV00006B/34/P